全球特许金融科技师资格证书（CFtP）系列教程

经济学基础

全球特许金融科技师资格证书（CFtP）系列教程编委 ◎ 编著

上海财经大学金融学院

上海财经大学出版社

图书在版编目(CIP)数据

经济学基础/全球特许金融科技师资格证书(CFtP)系列教程编委编著.—上海：上海财经大学出版社,2023.10
全球特许金融科技师资格证书(CFtP)系列教程
ISBN 978-7-5642-4168-1/F·4168

Ⅰ.①经⋯ Ⅱ.①全⋯ Ⅲ.①经济学-资格考试-教材 Ⅳ.①F0

中国国家版本馆 CIP 数据核字(2023)第 067941 号

□ 责任编辑　刘　兵
□ 封面设计　贺加贝

经济学基础

全球特许金融科技师资格证书(CFtP)系列教程编委　编著

上海财经大学出版社出版发行
(上海市中山北一路 369 号　邮编 200083)
网　　址:http://www.sufep.com
电子邮箱:webmaster @ sufep.com
全国新华书店经销
上海新文印刷厂有限公司印刷装订
2023 年 10 月第 1 版　2023 年 10 月第 1 次印刷

787mm×1092mm　1/16　9.75 印张　250 千字
定价:39.00 元

全球特许金融科技师资格证书（CFtP）系列教程编委会

主　编	李国权（David LEE Kuo Chuen）　赵晓菊
编委会机构	上海财经大学金融学院
	上海财经大学上海国际金融中心研究院
	新加坡李白金融学院
编委会成员	白士泮（Pei Sai Fan）　邓　辛
	Joseph LIM　Kok Fai PHOON
	刘莉亚　柳永明
	闵　敏　王　珏
	闫　黎　曾旭东
	张　琪　张盛丽

目 录

第一部分 微观经济学

第1章 需求与供给分析/3
1.1 市　场/3
1.2 需　求/3
1.3 供　给/7
1.4 弹　性/9
练习题/13

第2章 企业决策/16
2.1 企业的生产、收入、成本和利润/16
2.2 企业短期分析/24
2.3 企业长期分析/26
2.4 区块链和企业决策/29
练习题/30

第3章 市场结构/32
3.1 市场结构分析/32
3.2 完全竞争和垄断/34
3.3 市场结构识别/42
3.4 金融科技与市场结构/43
3.5 金融科技与竞争/44
练习题/45

第4章 博弈论：战略博弈和寡头垄断模型/47
4.1 博弈论与寡头垄断绪论/47

4.2 囚徒困境概念/48

4.3 纳什均衡概念/49

4.4 寡头产出竞争：古诺模型/50

4.5 寡头垄断价格竞争：伯特兰德模型/54

4.6 寡头垄断间的比较与垄断、寡头垄断和完全竞争间的比较/59

4.7 博弈论在金融科技中的应用/63

练习题/65

第二部分　宏观经济学

第 5 章　总产出、价格与经济增长/71

5.1 产出的衡量/71

5.2 总需求和总供给与经济波动的关系/75

5.3 总需求曲线、IS 曲线和 LM 曲线/77

5.4 总供给曲线/83

5.5 总需求曲线和总供给曲线的移动/84

5.6 AD-AS 供给模型/89

5.7 经济增长/92

练习题/94

第三部分　宏观金融

第 6 章　金融发展与金融市场/99

6.1 金融发展/99

6.2 金融系统的功能/103

6.3 金融自由化和深化/106

6.4 金融创新/109

6.5 金融市场趋势/110

练习题/114

第 7 章　中央银行与货币政策/116

7.1 货币的职能/116

7.2 货币制度/117

7.3 中央银行的职能/119

7.4 货币供给与货币创造/119

7.5 货币政策/122

7.6 货币政策工具/124

7.7 中央银行的独立性/127

7.8 中央银行数字货币/130

练习题/132

第8章 金融监管和监督/134

8.1 金融监管和监督的定义/134

8.2 金融与经济发展的良性循环/134

8.3 金融市场的监管和监督/135

8.4 金融监管的目标/138

8.5 金融监管与金融发展/139

8.6 银行持有资本和《巴塞尔协议》/141

练习题/145

第一部分
微观经济学

第 1 章 需求与供给分析

1.1 市 场

一个市场由相互认可的买家和卖家组成,他们愿意以某一价格交换商品和服务。

学习目标

认识市场的特征。

主要内容

要 点
- 市场有助于买卖双方的匹配。
- 有很多种市场,包括成品与服务市场、要素市场和资本市场等。

重点名词
- 价格(Price):一方为交换商品或服务而付出的钱款或补偿。
- 中间商品(Intermediate Goods):用于生产最终成品的商品。

在经济中,市场使参与者能够在商定价格后进行出价和交易。换句话说,市场是一个虚拟的或有形的地方,可以帮助匹配买家和卖家。存在着许多种市场,我们通过交换的内容、可以参与的人、如何处理交易以及政策法规来表征每个市场。

市场包括生产要素市场(要素市场)以及服务和制成品市场(商品市场或产品市场)。例如,能源和人力资源是生产要素,而汽车、葡萄酒和服装是出售给消费者的制成品。一般而言,企业在要素市场中是买方,在产品市场中是卖方。例如,三星生产用于电视制造的中间商品 LED 面板,而电视则是销售给消费者的最终成品。

1.2 需 求

我们将产品需求曲线定义为:控制其他所有条件相同时,消费者在每个可能的价格水平下想要购买的产品数量。在给定的价格下,需求的数量是消费者愿意或能够购买的商品或服务。

学习目标

理解需求曲线及需求定律。

区分需求曲线的移动与沿着需求曲线的移动。

构造并了解需求曲线。

主要内容

要　点

- 一个经济行为人的价格与数量变动关系或需求计划可以用图形表示为"需求曲线"。
- 需求曲线的基础是经济行为人的偏好、潜在替代品和收入，以及影响其评估所购买商品和服务的意愿和能力的其他因素。
- 总需求是在特定价格下，一组经济行为人需要的商品或服务的总量。
- 价格变动将导致沿需求曲线的移动。
- 需求曲线的变化可能源于非价格变量的变化。
- 如果收入增加，正常商品的需求曲线就会向外转移。对于劣质商品，需求曲线将向内移动，因为消费者只会在无法负担首选商品后才会购买劣等品。

重点名词

- 需求曲线(Demand Curve)：一个经济行为人对某一特定商品或服务的价格-数量选择的图形表示。
- 边际效益(Marginal Benefit)：在商品或服务市场中，购买者每额外购买一单位商品或服务而获得的收益；或在要素市场中，企业每额外投入一单位生产要素而获得的收益。
- 正常品(Normal Good)：价格保持不变，当消费者的收入提高时，对正常品的需求就会增加；当消费者的收入下降时，对正常品的需求就会下降。
- 劣等品(Inferior Good)：当消费者的收入增加时，对劣等品的需求就会下降。

1.2.1　个体需求

手机降价将如何影响销售？为了找出答案，我们需要知道降价将如何影响单个买家的购买。我们想了解个人的购买与商品价格之间的关系。图 1.1 的个体需求曲线显示了每个可能价格点上的买方数量。

在大多数情况下，当商品价格上升时，经济行为人可能会减少消费。在这些情况下，需求曲线显示出价格与数量的负相关关系。如图 1.1 所示，需求曲线通常从左到右向下倾斜。非正常商品，比如奢侈品等，存在着上升的需求趋势。

1.2.2　需求和其他因素

需求关系表示在一定价格范围内一个买家愿意或者能够购买的商品数量 X。我们在定义需求关系时，假设收入水平、替代品和互补品的价格保持不变。

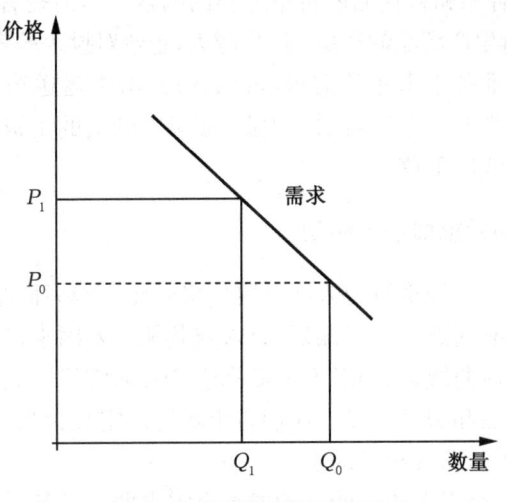

图 1.1　沿需求曲线的运动

需求曲线以图形方式描绘了需求计划。向下倾斜的需求曲线有时称为"需求定律"。这仅意味着随着某一商品价格的下降,消费者将购买更多该商品。

1.2.3　市场或总需求

如果将单个经济行为人的需求曲线与其他经济行为人结合起来,那么我们将获得市场或总需求曲线。每个个体的需求量可以在一个特定的价格求和,得出总需求量。如果我们继续汇总不同价格点的需求量,则会获得总需求曲线。这样,经济需求曲线就是根据每个消费者的需求曲线构建的。

市场需求曲线是显示在不同价格水平下所有买家将购买的数量的图表。我们期望市场需求曲线的属性与单个需求曲线的属性相似。由于每个购买者的边际收益会随着消费量递减,因此市场需求曲线将向下倾斜。等效的是,市场作为一个整体将以较低的价格购买大量的产品。

1.2.4　企业对投入的需求(要素市场)

一家企业生产出售给消费者的商品或出售给其他企业的中间商品,作为回报,企业可从这些销售中获取利润。企业可以扩大产量,并通过增加投入来增加收入。因此,企业从投入中获得的边际收益是从额外一单位投入中获得的收入提升。

我们可以使用边际收益来构建投入的需求曲线,此需求曲线表示企业将如何针对一定范围的投入价格进行购买。一个企业应当购买使边际收益等于投入或要素价格的"最佳"数量。

如果企业比最佳数量多购买了一单位,则这额外一单位带来的收入增长幅度就会较小,从而减少了边际收益。反之,如果投入价格较低,则企业可获得更多的数量。因此,投入的需求曲线是向下倾斜的。

1.2.5　是什么改变了企业需求

一方面,投入价格的变化导致沿需求曲线的移动;另一方面,移动整个需求曲线的原因包括诸如企业生产中的互补品和替代品的价格之类的因素。与消费者需求相比,企业需求不取决于收入,而是取决于所生产商品的产量。产出越大,企业对投入的需求就越多,反之亦然。

我们通过研究运输业务中卡车的需求,可以发现,由于运送箱和卡车驾驶员是互补的,驾驶员工资的增加将减少对卡车的需求。因此,如果驾驶员的工资增加,那么我们将观察到货运业务中卡车需求曲线的下移。

1.2.6 需求变化和需求曲线的移动

我们可以将需求定义为经济行为人在给定价格时愿意购买商品或服务的数量之间的关系。需求曲线是在给定时间点上基于偏好、收入与其他主要因素这种关系的图形表示。

我们还可以描绘供应曲线,以图形方式显示生产者的价格与数量的关系。总的来说,需求和供应曲线代表了商品和服务市场。我们将市场均衡定义为当需求量等于供给量时的价格。从图形上看,这是供需曲线相交的点。

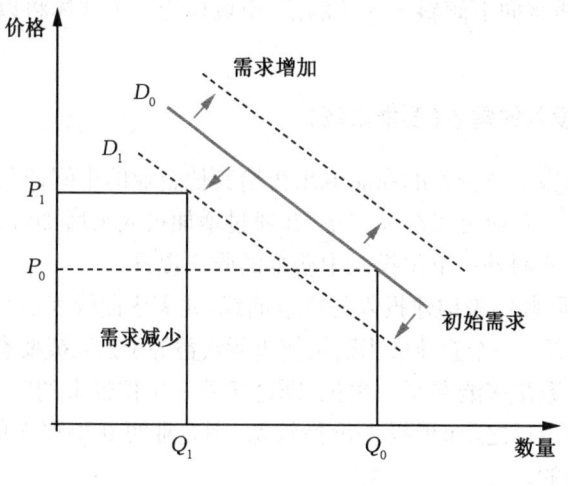

在图形上,由于沿单个需求曲线的移动或整个需求曲线的移动,一个点(P_0, Q_0)可以更改为另一个点(P_1, Q_1)。

如果某一商品价格上涨,而其他变量(如替代商品的价格)保持不变,则该商品的数量预计会下降。在其他所有条件不变的情况下,我们将看到沿着不变的需求曲线向价格增加和数量减少的方向移动。这种运动描述了消费者因价格上涨不愿或无力购买一定数量的商品,从而导致更低的数量需求。

诸如收入,如果偏好以及替代品和互补品的价格等非价格基本因素影响了消费者需求的变化,那么需求曲线就会发生移动,例如从D_0到D_1(见图1.2)。如果一个人刚获得加薪,那么我们可以预期需求向外移动(向右)。这种转变描述了当所评估的商品或服务是理想的正常商品时,需求与收入呈正相关。但是,如果我们拥有低档商品,即当消费者无法负担起(比如说受收入限制)更理想的商品时才可接受的商品,那么收入增加可能会导致需求向内转移(向左)。

图 1.2 需求曲线的移动

1.3 供 给

现在我们来讨论供给。就像需求一样，供给是一种行为关系，着眼于供应商在不同的销售价格水平上提供商品或服务的能力和意愿。供给曲线表示价格与数量的关系向上倾斜。

学习目标

解释供给曲线及供给原理。
构造并理解供给曲线。

主要内容

要　点
- 产品价格上升时供给数量上升。
- 由于价格上涨，生产商增加了产量，从而增加了收入和利润。

重点名词
- 供给曲线（Supply Curve）：由于价格上涨带来的潜在获利能力增加，供应曲线向上倾斜。
- 剩余（Surplus）：用于生产者剩余或消费者剩余。在生产者剩余方面，指商品的市场价格与生产者能接受的最低价格之间的差。在消费者剩余方面，指他们愿意付出与必须付出之间的差额。
- 短缺（Shortage:）：一种缺乏或不足。
- 均衡（Equilibrium）：系统的状态处于平衡状态，除非因外部影响而变化，否则不会更改。
- 供给定律（Law of Supply）：其他一切条件保持不变；价格的上升将导致供给量的提升。

图形上，当所有其他影响供给的因素均保持不变时，产品的供给曲线描述了卖方在每个价格水平上希望出售的商品数量。图 1.3 显示了产品（例如巧克力蛋糕）的供给曲线，供给定律指出，供给曲线是向上倾斜的。

与我们之前对需求曲线的讨论类似，在所有其他条件不变的情况下，价格上涨将导致沿需求曲线移动。图 1.4 说明了价格从 P_0 到 P_1 增加时，供应量从 Q_0 增加到 Q_1。

图 1.5 显示了由于投入价格下降导致供给增加，由于投入价格上涨导致供应量减少；供给曲线从原始供给曲线 S_0 下降到新供给曲线 S_1。

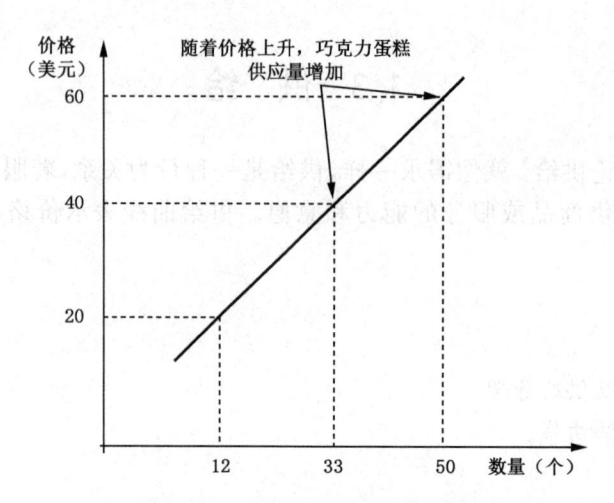

图 1.3　巧克力蛋糕的供给曲线

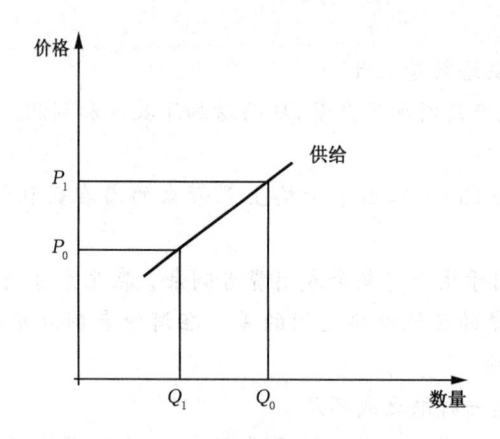

图 1.4　沿供给曲线的移动

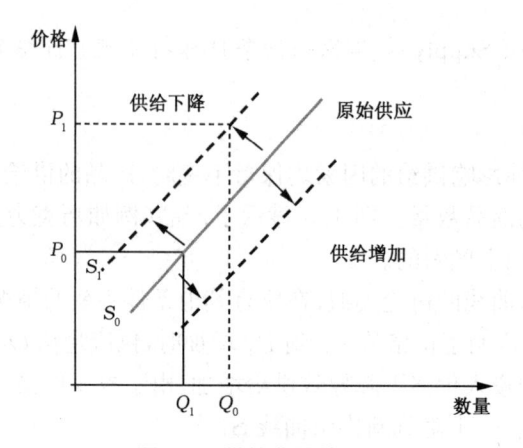

图 1.5　供给曲线的移动

📚 **参考文献/拓展阅读**

［1］Mankiw N G(2020), *Principles of Economics 9th ed*, Cengage Learning, chap 4 & pp. 60－85.
［2］Png I(2016), *Managerial Economics 5th ed*, Routledge, pp. 21－42, 44－65.

1.4 弹 性

在这一节中,我们将讨论弹性的概念。弹性描述了需求和供给如何对价格和其他经济变量作出反应。经济变量包括收入以及替代品和互补品的价格。

学习目标

了解需求的弹性及其决定因素。
构造并理解价格弹性的图像,并根据需求和供应曲线计算价格弹性。
解释需求的交叉价格弹性的概念。

主要内容

要　点
- 需求弹性衡量需求如何响应经济变量的变化,例如物品的价格、互补或替代产品的价格或购买者的收入。

重点名词
- 弹性需求(Elastic Demand):当需求量变化的百分比大于价格变化的百分比时,即 $\varepsilon_x > 1$。
- 非弹性需求(Inelastic Demand):当需求量变化的百分比小于价格变化的百分比时,即 $\varepsilon_x < 1$。
- 单位弹性需求(Unit-Elastic Demand):当需求量变化的百分比等于价格变化的百分比时,即 $\varepsilon_x = 1$。

1.4.1 需求弹性

需求弹性衡量需求量怎么对基础变量的改变作出反应,包括商品的价格、互补品或替代品的价格和购买方的收入。我们可以对每一种经济变量或影响需求的因素都定义一种弹性。

1.4.2 自身价格弹性

需求的自身价格弹性用于衡量当该商品价格变化时其需求量是如何变化的。借助自身价格弹性,卖方可以估算增加或降低价格对买方支出和利润的影响。形式上,需求的价格弹性为:

$$\varepsilon_x = \frac{商品\,x\,的需求量变动百分比}{商品\,x\,的价格变动百分比}$$

【示例 1】

如果桶装冰激凌的价格下降 5%,而需求量上升 2%,则冰激凌需求的价格弹性值为 -0.4。请注意,由于对普通商品(如冰激凌)的需求曲线是向下倾斜的,因此其自身的需求价格弹性将始终为负(或为零)。我们通常会忽略负号,而将注意力放在需求价格弹性的绝对值上。

以下术语定义了弹性需求、非弹性需求以及单位弹性需求。
弹性需求：当需求数量的百分比变化大于价格的百分比变化时，即 $\varepsilon_x > 1$。
非弹性需求：当需求数量的百分比变化小于价格的百分比变化时，即 $\varepsilon_x < 1$。
单位弹性需求：当需求数量的百分比变化等于价格的百分比变化时，即 $\varepsilon_x = 1$。

1.4.3　什么决定了需求的价格弹性

以下因素影响了需求数量的变化是如何对价格变化作出反应的，即需求的价格弹性。

替代品：替代品越接近，需求的价格弹性就越大，因为消费者可以有相似的、更便宜的其他选择。

时间：需求随着时间的流逝变得更有弹性。

非必需品与必需品：非必需品比必需品更具有价格弹性。

高价商品与廉价商品：某一商品或服务在消费者的预算中占比越大，该商品或服务越具有弹性。

1.4.4　价格弹性的图形表示

如果价格变化很小，则我们可以用需求量变化的百分比除以相应价格变化的百分比来计算需求的价格弹性。需求价格弹性的公式（此公式在图 1.6 中以图形方式解释）如下：

$$\varepsilon_x = \frac{\Delta Q_x / Q_x}{\Delta P_x / P_x}$$

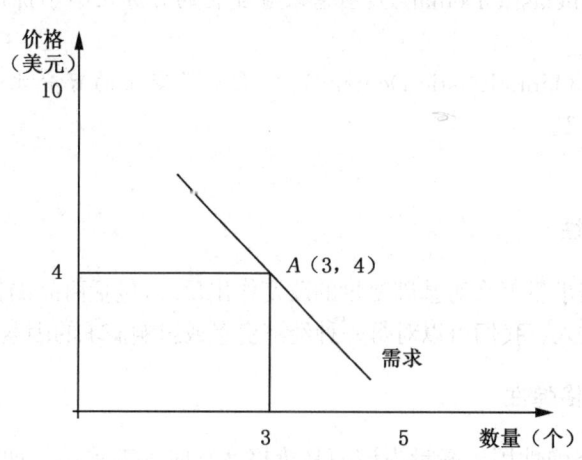

图 1.6　需求计算的价格弹性

需求曲线斜率（$\frac{\Delta P_x}{\Delta Q_x}$）为 $10/5 = 2$。所以，x 的需求（$-\frac{\Delta Q_x}{\Delta P_x}$）为 $1/2$。A 点的 P/Q 比为 $4/3$。运用公式，A 点的价格弹性公式为 $(4/3) \times (1/2) = 2/3$。此结果的解释是，按当前 4 美元的价格，价格降低 3% 将导致需求数量增加 2%。

在线性需求中，曲线需求在不同点可以是弹性的、单位弹性的和无弹性的。具体来说，需求在上半部分是富有弹性的，在中点是单位弹性的，在下半部分是无弹性的，如图 1.7 所示。

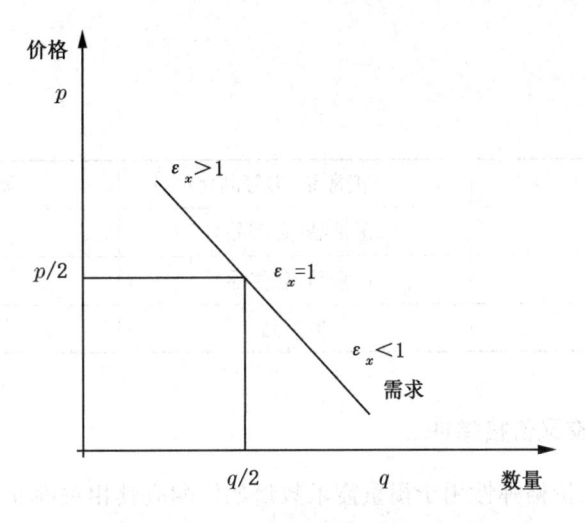

图 1.7　沿着需求曲线的需求价格弹性

现在,我们来看两种特殊情况:(1)水平需求曲线是完全弹性的,价格弹性在每个点都是无限的;(2)垂直的需求曲线在每个点都是完全无弹性的,而价格弹性为零。图 1.8 显示了完全弹性和完全无弹性的需求曲线。

(a) 完全弹性需求曲线　　　　(b) 完全无弹性需求曲线

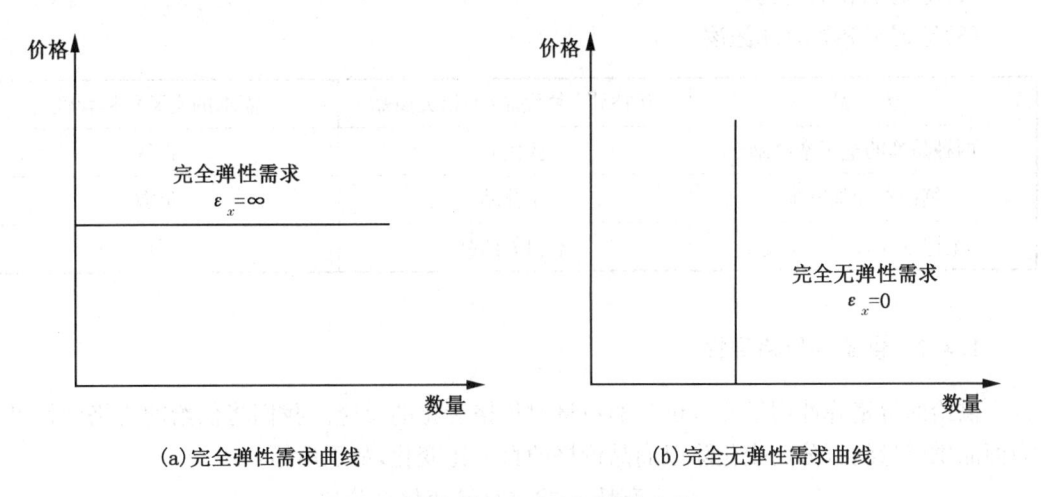

图 1.8　完全弹性和完全无弹性曲线

1.4.5　需求的收入弹性

商品需求的收入弹性用于衡量需求量对收入变化的反应。我们将需求的收入弹性计算为需求量的百分比变化除以收入的百分比变化,如下所示:

$$\varepsilon_x = \frac{商品\ x\ 的需求量变化百分比}{收入变化百分比}$$

【示例 2】

按照需求弹性的一致范围将下列商品分为正常品和劣等品:

(1)鸡蛋;
(2)松露;
(3)肉罐头。

商 品	正常品/劣等品	需求的收入弹性
鸡蛋	正常品(必需品)	正数且小于1
松露	正常品(奢侈品)	正数且大于1
肉罐头	劣等品	负数

1.4.6 需求的交叉价格弹性

商品需求的交叉价格弹性用于衡量需求数量如何响应其相关商品价格的变化。我们将需求的交叉价格弹性计算为商品 x 的需求量变化百分比除以商品 y 的价格变化百分比。

【示例3】
根据交叉价格弹性的一致范围将下列商品分为互补品、替代品或不相关商品:
(1)两种品牌的笔记本电脑;
(2)笔记本和加密狗;
(3)笔记本和香草冰激凌。

商 品	互补品/替代品/不相关商品	需求的交叉价格弹性
两种品牌的笔记本电脑	替代品	正数
笔记本和加密狗	互补品	负数
笔记本和香草冰激凌	不相关商品	零

1.4.7 供给的价格弹性

供给的价格弹性用于衡量供应的数量对价格变化的反应。我们将供给的价格弹性计算为商品供应量的百分比变化除以商品价格的百分比变化,如下所示:

$$\varepsilon_x^s = \frac{商品\ x\ 的供给量变化百分比}{商品\ x\ 的价格变化百分比}$$

供给价格弹性的公式与需求价格弹性的相应表达式相同。供给的主要区别在于供应曲线向上倾斜时弹性为正。

1.4.8 是什么决定了供给的价格弹性

以下变量会影响供应的数量变化对价格变化所作出的反应,即供给的价格弹性。
(1)劳动力的技能及灵活性:需要高技能劳动力的生产在供应方面可能更不具有弹性。例如,驾驶飞机需要熟练和经验丰富的飞行员,这意味着恢复航空旅行可能会受到重新认证飞行员飞行资格的限制。
(2)生产能力:具有可以迅速上线的过剩产能时供给有更大的弹性。备用产能是预计一些商家在流感大流行后将"V型"复苏的原因,即尽管价格上涨幅度很小,但产量会迅速增加。

(3)调整时间:生产者可能需要很久的订货交付时间才能从一项活动切换到另一项活动,尤其是在新活动中学习曲线陡峭时。如果新的活动需要建立新的工厂和设备,那么交货时间可能会更久。

参考文献/拓展阅读

[1] Mankiw N G(2020), *Principles of Economics 9th ed*, Cengage Learning, chap 5 & pp. 86−108.
[2] Png I(2016), *Managerial Economics 5th ed*, Routledge, pp. 43−65.

练习题

习题1
观察下面的四幅图,代表受澳大利亚北部各州飓风影响的农作物市场的是(　　)。

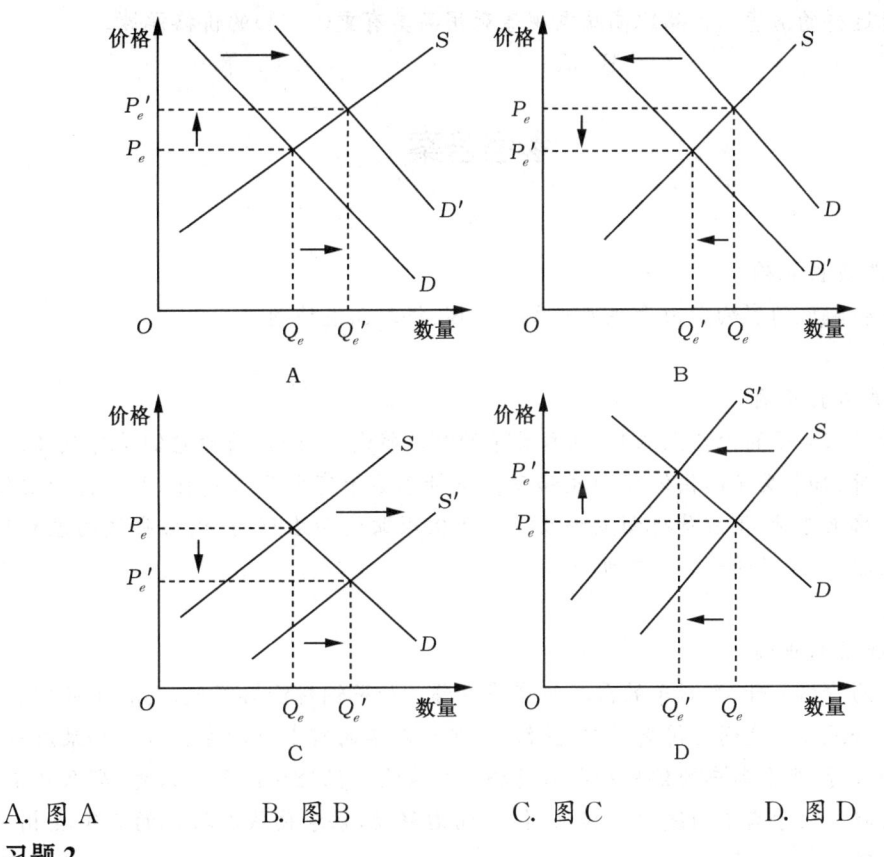

A. 图 A　　　　B. 图 B　　　　C. 图 C　　　　D. 图 D

习题2
在印度尼西亚,用柚木制成的桌子被视为普通商品。一项旨在阻止巴西一半伐木作业的举措使包括柚木在内的热带硬木价格上涨。柚木桌子有了更多的买家。另外,木锯的价格也已经上涨。柚木餐桌市场的均衡价格和数量的变化情况是(　　)。

A. 价格下降，对产量的影响无法确定
B. 价格上升，对产量的影响无法确定
C. 产量下降，对价格的影响无法确定

习题 3

新车是正常商品。如果汽油价格上涨，钢材价格下跌，公共交通变得更便宜、更舒适，汽车工人接受较低的工资，汽车保险变得更加昂贵，那么新车的均衡价格将会（　　）。

A. 上升　　　　　　　B. 下降　　　　　　　C. 保持不变

习题 4

需求数量的百分比变化除以价格的百分比变化被称为（　　）。

A. 需求的价格弹性　　B. 需求的收入弹性　　C. 需求的交叉价格弹性

习题 5

如果 1 千克榴莲的价格上涨 20%，导致需求数量减少 10%，则榴莲的需求价格弹性为（　　）。

A. 0.5　　　　　　　B. 1.0　　　　　　　C. 2.0

习题 6

像大米这样的消费必需品比高端电视等耐用品具有更（　　）的价格弹性。

A. 高　　　　　　　　B. 低　　　　　　　　C. 单一

参考答案

习题 1

答案：选项 D 正确。

需求不受飓风的影响。由于飓风造成的损坏，供给向左移动。

习题 2

答案：选项 B 正确。

当热带硬木桌子的价格上涨时，柚木桌子的需求将向右移动，因为它们是替代品。当柚木价格上涨时，柚木桌子的供给将向左移动。当柚木桌子有更多买家时，需求将向右转移。当木锯的价格上涨时，供应量将向左移动。由于需求曲线向右移动、供给曲线向左移动，因此价格将上涨，而数量的影响尚不明确。

习题 3

答案：选项 B 正确。

如果汽油价格上升，则新车的需求曲线将左移。如果钢材价格下跌，则新车的供应量将向右移动。如果公共交通变得更便宜、更舒适，那么新车的需求将向左转移。如果汽车工人接受较低的工资，那么新车的供应将向右转移。如果汽车保险变得更加昂贵，那么新车的需求将向左转移。由于需求曲线向左移动、供应向右移动，供求曲线在较低的平衡点相交，因此价格将下跌。

习题 4

答案：选项 A 正确。

商品的价格弹性计算为该商品的需求数量变化除以其价格变化。收入弹性衡量需求量对收入的反应能力,交叉价格弹性衡量对相关商品的价格变化的反应能力。

习题 5

答案:选项 A 正确。

榴莲的价格弹性需求是通过将所需榴莲数量的变化百分比除以榴莲价格的变化百分比来计算的(10%÷20%=0.5)。

习题 6

答案:选项 B 正确。

商品的价格弹性需求是通过将商品需求量的变化百分比除以商品价格的变化百分比来计算的。当价格变化时,消费必需品的数量变化小于耐用消费品的数量变化。

第 2 章 企业决策

2.1 企业的生产、收入、成本和利润

2.1.1 生 产

生产函数是给定投入与所能得到的最大产出之间的关系。

学习目标

定义生产函数。

主要内容

要 点

- 从图形上看,生产函数是代表一个可行的投入组合所能产生的最大产出的边界。
- 企业使用生产函数来确定:(1)给定产品价格下的产量;(2)在给定投入价格的情况下生产投入的最优组合。
- 生产函数提供了有关生产条件的有价值的信息,如规模收益的增加或减少以及劳动和资本的边际产品。

重点名词

- 边际成本(Marginal Cost):每增加一个生产单位所增加的总成本。
- 生产函数(Production Function):表示制造商品的投入数量和该商品的产出数量之间的关系。
- 产出(Output):生产、制造或完成的数量。

在经济学中,生产函数是投入的数量(如工人)和产出的数量(如冰箱)之间的关系。生产函数是给定数量的投入(通常是资本和劳动力)与所获得的最大产出之间的数学关系。从图形上看,生产函数是代表一个可行的输入组合所能产生的最大产出的边界。

企业使用生产函数来确定:(1)给定产品价格下的产量;(2)在给定投入价格的情况下生产投入的最优组合。

对生产过程的传统看法是,它受到规模收益递减的影响。企业通常发现其边际成本在生产水平高时增加。规模收益递减是因为投入数量的增加。例如,资本在产出数量上创造

了低于比例的增长。规模收益递减的含义是,如果不需要提高产出价格,供应就不可能无限制地扩大。

2.1.2 收　入

收入是指正常经营活动产生的"收入"。它是收入或损益财务报表的最上面一行,从中减去成本可得到净收入。

📚 学习目标

计算、解释和比较总收益、平均收益和边际收益。

📚 主要内容

要　点

- 对于一个在完全竞争市场中经营的公司,不论数量,所有的单位都以相同的价格出售,即平均收益＝边际收益＝价格。
- 在不完全竞争条件下经营的公司必须决定其产品的价格。为了销售数量更多,"觅价者"公司必须降低价格。

重点名词

- 总收益(Total Revenue,TR):公司销售其产品所得的金额。如果一家公司只收取单一价格(P),则总收入的计算为价格(P)乘以销售数量(Q),即 $TR=P\times Q$。
- 平均收益(Average Revenue,AR):等于总收益除以销售数量,即 $AR=TR/Q$。
- 边际收益(Marginal Revenue,MR):每多销售一单位所带来的销售总收益的变化。

对于一个在完全竞争市场中经营的公司,所有同质产品不论数量都以相同的价格出售。图2.1说明了在完全竞争市场中企业的平均收益和边际收益都等于市场价格,即 $P=AR=MR$。

在一个完全竞争的市场中,所有公司对同类产品向所有买家收取相同的价格。在市场需求曲线向下倾斜的情况下,要想在市场上多卖出一个单位,所有单位的售价都必须下降。在单一价格假设下,平均收益和价格必须相等。

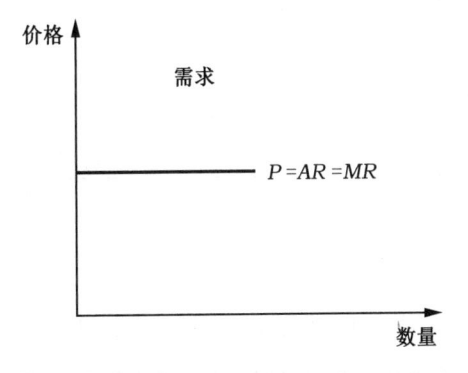

图 2.1　完全竞争下的平均收益和边际收益

在不完全竞争条件下经营的公司必须决定其产品的价格。这些公司面临着向下倾斜的需求曲线,被称为"价格搜索者"。为了销售更多的数量,价格搜索公司必须降低价格。

在不完全竞争条件下,平均收益和边际收益会随着销售量的增加而下降。如果公司收取相同的价格,那么多卖出一件产品需要所有产品的价格都降低。所以,数量大于 1 时,$MR<P$。同样,对于任何大于 1 的量,AR 不等于 MR。边际收益的减少(或总收益的变化率)大于价格的下降或 AR。当 MR 等于 0 时,总收益最大化。

【示例 1】

假设 X 公司的需求如表 2.1 所示:

表 2.1　　　　　　　　　　　　X 公司需求示例　　　　　　　　　　　　单位:美元

数量	1	2	3	4	5	6	7	8
价格	100	90	80	70	60	50	40	30

请计算需求表中不同数量单位的总收入、平均收入和边际收入(不完全竞争市场),并绘制 1 到 8 个数量单位的平均收益和边际收益曲线。请注意,平均收益等于公司向所有客户收取单一价格的价格。

计算总收入、平均收入和边际收入(答案)　　　　　　　单位:美元

数量	价格	总收入	平均收入	边际收入
1	100	100	100	100
2	90	180	90	80
3	80	240	80	60
4	70	280	70	40
5	60	300	60	20
6	50	300	50	0
7	40	280	40	−20
8	30	240	30	−40

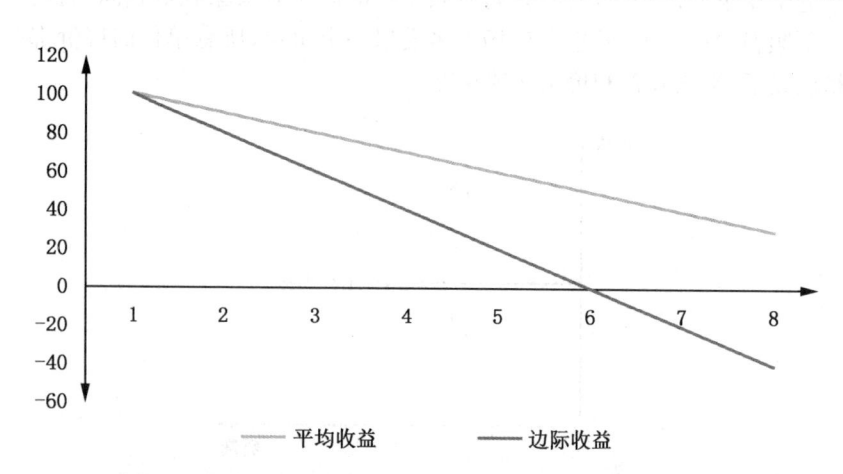

面对向下倾斜的需求曲线时企业的边际收益和平均收益(答案)

2.1.3　成本和利润

成本是生产者和消费者购买的商品和服务的货币价值。利润是一段时间内的收入与其同一时间段内显性成本之间的差额。

学习目标

计算、解释和比较总成本、平均成本和边际成本。

主要内容

要　点

- 一件物品的机会成本是你为了得到它而放弃的东西。一项活动的机会成本是为了从事该活动而必须放弃的次优选择的价值。
- 沉没成本是企业已经承担且无法收回的成本。因为对于沉没成本无能为力，企业在做商业决策时应该忽略它们。
- 公司的总产出体现了产出如何随雇用工人的数量而变化。平均产出是总产出除以被雇用的工人数量。边际产出是增加一单位工人后总产出的变化量。
- 企业的生产函数是企业投入与最大产出之间的关系。如果周期太短而不能改变至少一个投入要素使用量，则生产函数是短期的。
- 对会计人员来说，利润的定义是一年内的收入和该年显性成本之间的差额。利润是指企业的总收入与其显性成本和隐性成本之间的差额。

重点名词

- 机会成本(Opportunity Cost)：为了获得某一物品而必须放弃的任何东西。因此，它是基于稀缺性，是一种取舍，即放弃一件物品来换取另一件物品。
- 沉没成本(Sunk Cost)：公司已经承担且无法收回的成本。
- 总成本(Total Cost)：企业在生产中使用的所有投入的成本。
- 可变成本(Variable Cost)：随产出变化而变化的成本。
- 固定成本(Fixed Cost)：即使产出变化也保持不变的成本。
- 经济成本(Economic Cost)：一种定义为生产机会成本的成本，包括显性成本和隐性成本。
- 显性成本(Explicit Cost)：定义为投入的实际现金支付。
- 隐性成本(Implicit Cost)：一种机会成本，定义为非购买投入的成本。
- 会计利润(Accounting Profit)：总收入减去显性成本。
- 经济利润(Economic Profit)：总收入减去显性成本和隐性成本。
- 规模经济(Economies of Scale)：长期的平均成本随企业经营规模增加而下降。
- 范围经济(Economies of Scope)：类似规模经济，但总成本在联合生产中减少。

1. 机会成本

一件物品的机会成本是你为了得到它而放弃的东西。一项活动的机会成本是为了从事该活动而必须放弃的次优选择的价值。机会成本原则基于稀缺性,因此是一种权衡,即放弃一个项目或活动而获得另一个。

决策者应该考虑每一个可能行动的机会成本。机会成本的概念既适用于个人的日常决策,也适用于企业的决策。因为资源稀缺且可被利用的方式不同,所以总是存在一种取舍。

在讨论企业成本时,我们使用"经济成本"这个术语,它被定义为生产中的机会成本,包括显性成本和隐性成本。

企业的显性成本是指企业为投入而实际支付的现金。

【示例 2】

X 餐厅每月在工资、原材料、场地和设备租赁上总共花费 25 000 美元。25 000 美元是它的显性成本。这一显性成本是机会成本,因为花费的 25 000 美元不能用于其他用途。

企业的隐性成本也是机会成本。它可以被定义为非购买投入的成本,如餐馆老板的时间或金钱。

现在,让我们更仔细地研究隐性成本。假设餐厅老板的下一个最佳选择是当一名高级餐厅经理,月薪为 12 000 美元,则他的时间机会成本为 12 000 美元。餐馆老板用他每月赚取 10 000 美元利息的储蓄开办了 X 餐厅。使用储蓄的机会成本是它本可以赚取的利息。因此,餐厅 X 的隐性成本是 12 000＋10 000＝22 000(美元)。本例中的经济成本是每个月 25 000＋12 000＋10 000＝47 000(美元)。

2. 沉没成本

有必要注意机会成本和沉没成本之间的区别。沉没成本是企业已经承担且无法收回的成本。因为对于沉没成本无能为力,企业在做商业决策时应该忽略它们。

【示例 3】

农夫萨勒正在考虑种植他的土地。由于预期价格较低,他决定这个季节不种植。土地成本是萨勒的固定成本之一,如果他在这个季节让土地植物休耕(未种植),他就不能收回这个成本。在决定这个季节是合种植时,他的土地成本是沉没成本,因为在短期内,萨勒对这种成本无能为力,而成本也不会影响他种植或不种植的决定。我们注意到,如果萨勒要决定是否完全停止耕种,那么土地成本就不是沉没成本。

3. 短期和长期

一个公司的技术是如何将投入转化为商品和服务的产出呢？积极的技术变革会使企业从任何给定的投入组合中生产更多。简单的例子包括更快或更可靠的机器、更好的工作流程和决策的信息仪表板。

另外,技术变革对公司来说可能是负面的,比如低技能工人、烦琐的规则和官僚主义。

对许多公司来说,总成本在固定成本和可变成本之间的划分取决于时间范围。因此,我们将短期描述为企业的一个或多个生产要素不能变化的时期。

例如,在几个月的时间里,汽车制造商无法调整其制造工厂的数量或规模。生产更多汽车的唯一方法是在现有的工厂里雇用更多的工人。工厂的成本在短期内是固定的。此外,在未来几年里,汽车制造商可以扩大现有工厂、建立新的工厂或关闭低效的工厂。从长远来看,开设制造工厂的成本是可变的。

4. 短期生产和收益递减

生产过程受到短期收益递减的影响。为了说明这一点,这里以布料口罩制造商为例。

为了简单起见,假设原材料是来自服装制造商的废料并且可以免费获得,产生的费用是工人的工资和布料口罩制作机器的租赁费。表2.2显示了该公司仅使用一台布料口罩制造机的短期生产函数。

表 2.2　　　　　　　　　企业的总产出、平均产出和边际产出示例

工 人	总产出	平均产出	边际产出
0	0	0	
1	10	10	10
2	30	15	20
3	57	19	27
4	72	18	15
5	80	16	8

具体来说,就是总产出、平均产出和边际产出是如何随工人数量变化的。企业的总产品是企业的产出,而平均产品是每个工人的总产出,边际产出是增加一个工人后总产出的变化量。可以观察到,当增加一个工人时,边际产出会增加。边际产出的增加有时可以用专业化的工人来解释,因为生产效率会提高。在这个例子中,当添加第四个工人时收益递减。短期来看,该工艺只使用了一台布料口罩机器,随着工人数量的增加,产量的增长速度在下降。

5. 固定成本和可变成本

我们首先定义以下内容:

总成本是企业在生产中使用的所有投入的成本;

可变成本是随着产出变化而变化的成本;

固定成本指即使产出变化也保持不变的成本。

接下来,定义以下成本变量:

企业的平均成本(AC)等于总成本除以产出;

平均固定成本(AFC)等于总固定成本除以总产出;

平均可变成本(AVC)等于总可变成本除以总产出;

边际成本(MC)是多生产一单位产出(Δq)后总成本(ΔTC)的变化量,表示如下:

$$\text{边际成本}(MC) = \frac{\Delta TC}{\Delta q} = \frac{\Delta TFC}{\Delta q} + \frac{\Delta TVC}{\Delta q} = 0 + \frac{\Delta TVC}{\Delta q}$$

为了更好地了解这些生产成本之间的关系,我们将通过下面的例子来考虑一个公司在不影响产出价格的情况下需要生产多少。该公司是一家小型布料口罩公司。表2.3显示了该公司的生产成本如何随着口罩的产量而变化的。

表 2.3　　　　　　　　企业的固定成本、可变成本和总成本示例

口罩产量 (千只/天)	固定成本 (千美元/天)	可变成本 (千美元/天)	总成本 (千美元/天)	边际成本 (美元/只)
0	40	0	40	
80	40	12	52	0.15

续表

口罩产量 (千只/天)	固定成本 (千美元/天)	可变成本 (千美元/天)	总成本 (千美元/天)	边际成本 (美元/只)
200	40	24	64	0.1
260	40	36	76	0.2
300	40	48	88	0.3
330	40	60	100	0.4
350	40	72	112	0.6

请计算布料口罩公司的平均固定成本、平均可变成本和平均成本,并做总结。

计算平均固定成本、平均可变成本、平均成本和边际成本(答案)

口罩产量 (千只/天)	平均固定成本 (千美元/天)	平均可变成本 (千美元/天)	平均成本 (千美元/天)	边际成本 (美元/只)
0		0	0	
80	0.5	0.15	0.65	0.15
200	0.2	0.12	0.32	0.1
260	0.15	0.14	0.29	0.2
300	0.13	0.16	0.29	0.3
330	0.12	0.18	0.30	0.4
350	0.11	0.21	0.32	0.6

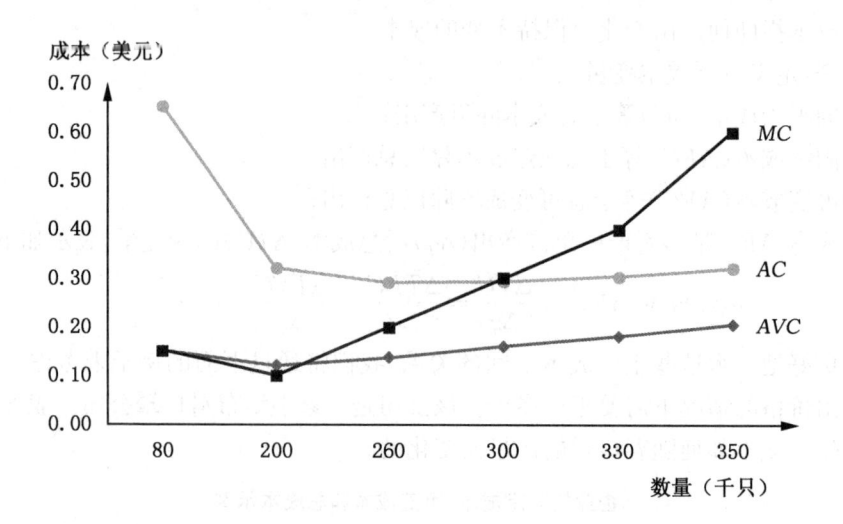

布料口罩公司的 *AVC*、*AC* 和 *MC*(答案)

总结如下:
(1)当 *AC* 最小时,*MC* 与 *AC* 相交;

(2) 当 $MC < AC$ 时，AC 减小；

(3) 当 $MC > AC$ 时，AC 增大；

(4) 对于 MC 和 AVC（代替 AC），(1)至(3)同样成立。

6. 会计利润与经济利润

在经济学和金融学中，我们传统上认为企业的目标是利润最大化。此外还有几种定义利润的方法。人们可以用利润这个术语来表示会计利润或经济利润。经济学家对利润的理解不同于会计师。会计师将利润定义为一段时间内的收入与其同一时间段内显性成本之间的差额。

显性成本是企业对其生产要素和其他供应商的实际支付。会计利润的定义为：

$$会计利润 = 总收入 - 显性成本$$

经济学家对利润的定义则不同。经济利润是企业总收入与显性成本和隐性成本（如企业所有者资源的机会成本）之间的差额。因此，经济利润定义为：

$$经济利润 = 总收入 - 显性成本 - 隐性成本$$

图 2.2 显示了会计利润和经济利润之间的差异。在(a)的总收入中，可以包括会计利润和显性成本(b)，也可以包括经济利润加上显性成本和(c)中的隐性成本。

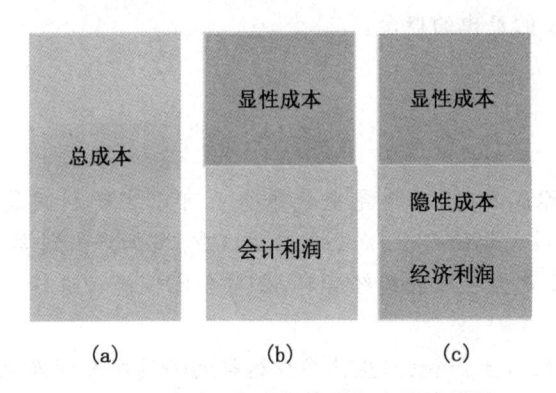

图 2.2 会计利润和经济利润之间的差异

【示例 4】

一家公司 2019 年的总收入为 400 万美元。同一时期，它为原材料、工资和租金支付了 300 万美元。这家公司的老板已有的机器和其他设备转售的总值为 1 000 万美元。那么，公司 2019 年的会计利润和经济利润分别是多少？

答案： 公司的会计利润是总收入和总显性成本之间的差额。因此，该公司的会计利润为 100 万美元，即 400 万美元减去 300 万美元。

经济利润的计算需要更多的信息。为了计算公司的经济利润，我们必须首先计算老板提供的机器和其他设备的机会成本。假设转售价值为 1 000 万美元，当机器和其他设备被卖掉后，所有者就可以把收益存入储蓄账户，每年可以得到 3% 的收益。在这种情况下，机会成本是 30 万美元。假设没有其他隐性成本，那么公司的经济利润是 70 万美元，即 400 万美元减去 300 万美元减去 30 万美元。

我们注意到，计算出的经济利润比会计利润少的数额正好是公司的隐性成本 30 万美元。会计利润和经济利润之间的差额也被称为正常利润。它只是资源的机会成本，这些资源包括企业所有者提供的时间和资金。

参考文献/拓展阅读

N Gregory Mankiw(2020), *Principles of Economics 9th ed*, Cengage Learning, pp. 242-258.

2.2 企业短期分析

2.2.1 单个短期供应

任何商品或服务的供应数量是卖方愿意和能够出售的数量。企业选择供给边际收入超过边际成本的产出水平,从而使其利润最大化。因此,在短期内,公司的供给曲线体现了在每一个市场价格下利润最大化的产出。

学习目标

理解使利润最大化的产出的概念。

主要内容

要 点

- 当价格等于边际成本时,一个完全竞争企业可以实现利润最大化。如果公司生产高于/低于利润最大化的产出,则公司应该减少/增加产出到那个水平。
- 当决定一家企业是否应该继续经营时,公司会比较两种选择下的利润:(1)继续生产和(2)关闭。
- 公司做出像(1)继续生产和(2)生产多少这样的关键决策涉及收入和成本两方面的考虑。

1. 利润最大化

一个完全竞争企业当价格等于边际成本或 $P=MC$ 时能获得利润最大化的产出,企业就该考虑提高产出到利润最大化水平。让我们看看这对于边际成本增加(收益递减)且无法影响价格的公司是否如此。

如图 2.3 所示,以 25 美元的价格计算,利润最大化的产出是 270 件。公司应该以这个产出量继续生产吗? 假设公司以 25 美元的价格卖出 200 件,当公司扩大一个单位产出时,则收入将增加 25 美元。生产这一单位将使成本增加 16 美元。在这种情况下,多生产一单位将使利润增加 9 美元(25 美元减去 16 美元)。用同样方法的论证,我们可以证明对于 $P>MC$ 的任意数量,企业可以通过扩大产出来增加利润。

现在假设公司以 25 美元的价格生产并销售 300 个单位。可以看到边际成本是每单位 40 美元。所以每增加一单位的利润是负 15 美元。我们可以用同样的方法论证,只要 $P<MC$,企业就可以通过减少产出来增加利润。由此得出,当市场价格为 25 美元时,企业利润最大化,可以生产 270 件。

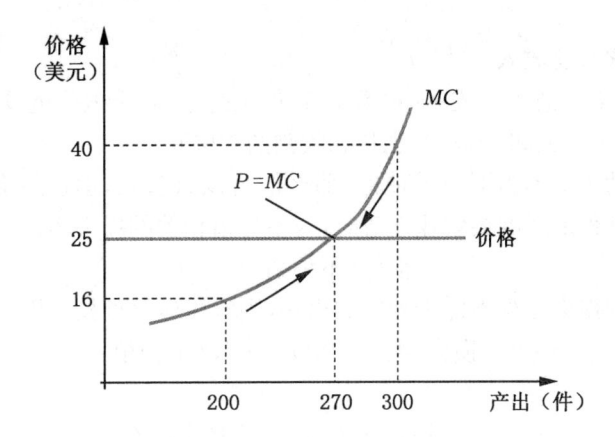

图 2.3 公司利润最大化产出($P=MC$)

2. 公司利润的计算

我们可以用图形说明该公司的利润计算过程和结果。我们使用的数字来自前面的例子和 AC 曲线。假设价格是每单位 25 美元，利润是价格（P）和平均成本（AC）之差乘以销量（q）。已知 $P=25$ 美元，$AC=20$ 美元，则单位利润$=P-AC=25-20=5$（美元），总利润$=5\times270=1\ 350$（美元），如图中矩形阴影所示。

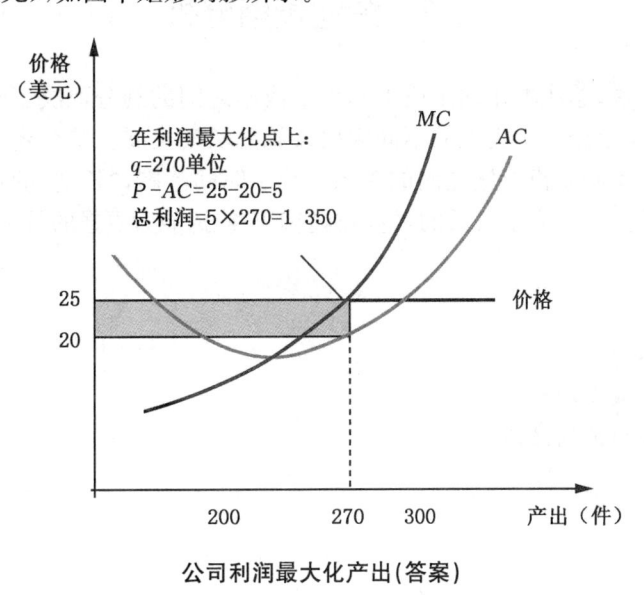

公司利润最大化产出（答案）

2.2.2 公司的短期关厂

到目前为止，我们一直在分析公司会生产多少产品的问题。然而在某些情况下，公司会决定关闭，根本不生产任何产品。

【示例 5】

回到同一个农民萨勒。本例讨论了这个季节种植或不种植的短期决策。假设农民萨勒决定种植却遭受了损失（如果他有利润就不会讨论这种情况），则种植的损失如下：

$$损失（继续种植）=TFC+TVC-TR$$

式中

$TR=$ 总收入

$TFC=$ 总固定成本(农场设备,但不是土地,土地是沉没成本)

$TVC=$ 总可变成本(肥料和收割的工资)

如果农民萨勒决定不为下一季种植,那么他将没有收入,但也不会产生任何 TVC。当农民萨勒继续以某种形式购买农业设备时,与不种植相关的损失为:

$$损失(不种植)=TFC$$

如果不种植的损失至少不低于种植的损失,则农民应该种植。即:

$$损失(继续种植)\leqslant损失(不种植)$$

这意味着

$$TFC + TVC - TR \leqslant TFC$$

可简化为

$$TR \geqslant TVC$$

由于 $TR=P\times Q$, $TVC=AVC\times Q$,我们可以将式子简化为 $P\geqslant AVC$。

利润最大化原则和这个关厂原则意味着企业的短期供应曲线只是 MC 位于 AVC 之上的部分。我们将在第三章和第四章讨论完全竞争、垄断和寡头市场下的利润最大化。

2.3 企业长期分析

对许多公司来说,总成本在固定成本和可变成本之间的划分取决于时间范围。在本节中,我们将着眼于单个企业所实现的不同规模设施的长期发展。单个企业的长期成本曲线显示了生产成本和不同规模设施之间的关系。至于时间范围,"长期"的定义为一家公司在选择所有投入要素方面是完全灵活的,包括制造工厂或招能力更强的员工。

学习目标

分析长期成本曲线。
区分长期平均成本和长期边际成本。
了解规模经济和范围经济。

主要内容

要 点

- 由于许多决策在短期内是固定的,但在长期内是可变的,因此一家公司的长期成本曲线不同于它的短期成本曲线。
- 长期平均成本(LRAC)曲线的形状体现了有关企业生产过程的重要信息。因此,如果一家公司的长期平均成本曲线斜率为负,那么它正在经历规模经济。
- 范围经济给那些生产一系列互补产品的公司带来了成本优势,这些产品体现了其核心竞争力。
- 从长远来看,如果企业能获得经济利润或正常利润,就应该继续经营。

2.3.1 长期平均成本和长期边际成本

由于许多决策在短期内是固定的,但在长期内是可变的,因此一个公司的长期成本曲线与它的短期曲线是不同的。例如,从长远来看,一个公司在选择制造工厂的规模和数量上是完全灵活的。

在长期成本的讨论中,我们的定义如下:

长期总成本(LRTC)是企业在选择所有投入要素完全灵活时的长期生产总成本。

长期平均成本(LRAC)是长期总成本除以产出单位。

长期边际成本(LRMC)是由于每增加一个单位产出而增加的成本。

【示例 6】

LR 有限公司预测了它可以使用不同的设备和工人生产不同数量的产出。对每天 5、10、15、20、25 和 30 单位产出的预测如表 2.4 所示:

表 2.4　　　　　　　　　　LR 有限公司的长期预测示例

产出数量	工人数量	工人成本(美元/天)	资本成本(美元/天)	长期总成本(美元/天)	长期平均成本(美元/天)
5	3	150	100	250	50
10	4	200	100	300	30
15	6	300	200	500	33
20	8	400	200	600	30
25	10	500	300	800	32
30	12	600	300	900	30

考虑到所需的劳动力和资本成本,请计算不同产出水平下的长期总成本和长期平均成本,并绘制长期平均成本曲线并解释其形状。

长期平均成本曲线与输出的关系如图所示。劳动专业化解释了该图。LRAC 在某个点随着产出的增加而下降,本例中产出为 10 个单位。除此之外,该公司还通过复制业务继续从专业化中获益。超过该特定点,产出增加,LRAC 保持不变。

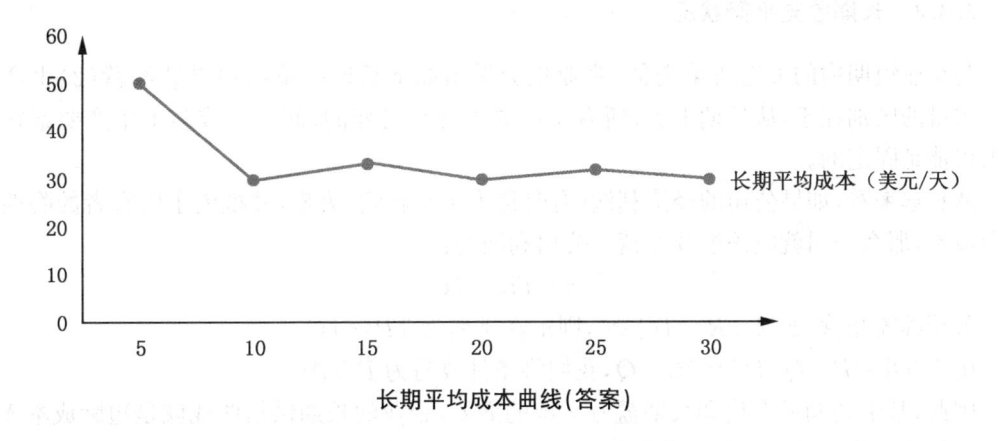

长期平均成本曲线(答案)

长期边际成本(LRMC)是每增加一个单位产出而增加的成本。

与短期投资不同,公司在选择长期投资时是完全灵活的。特别地,$LRMC$ 是通过在给定的要素中增加更多的工人并建立更大的工厂或新工厂使企业经营规模增加导致的额外成本。

2.3.2 规模经济

长期平均成本($LRAC$)曲线的形状体现了有关企业生产过程的重要信息。它还告诉我们成本如何随公司的经营规模而变化。因此如果一家公司的 LRAC 曲线斜率为负,它就正在经历规模经济。如果 LRAC 随产出增加而增加,则存在规模不经济。当 LRAC 不随输出水平变化时,则是规模收益不变。

随着收益递减,分析企业规模经济程度的一个有用信息是"最小有效规模",即长期平均成本曲线趋于平坦或水平时的产出水平。这是规模经济耗尽时的产出水平。

什么可能导致规模经济或规模不经济?规模经济的产生往往是因为更高的生产水平使工人专业化,从而能够更好地完成特定任务。然而,由于大型组织中的协调问题,规模不经济也会发生。此外,不断增加的产出会使管理团队承受压力,导致他们在降低成本方面效率低下。

对于大多数公司来说,长期平均成本($LRAC$)呈 U 形。在较低的生产水平下,增加生产可以使劳动力专业化,而协调问题并不严重;在高生产水平上,专业化的好处已经得到利用,而协调问题则变得更加严重。

2.3.3 范围经济

范围经济在概念上与规模经济相似,有助于企业管理其成本。范围经济关注生产各种互补商品的总成本。换句话说,范围经济给那些生产一系列互补产品的公司带来了成本优势,这些产品体现了它们的核心竞争力。

范围经济指的是在生产过程中从产品中节省成本。一个银行业的例子是贷款和承销证券的共同信息生产成本,结合这些要素将导致范围经济。对于金融机构来说,关于借款人和专业知识(比如分析)的信息可以在不增加额外成本的情况下开发产品或衍生品。

2.3.4 长期收支平衡状况

与企业短期内的关键决策类似,企业也会做出如下长期决策:(1)继续经营(2)生产数量。关键的区别在于,从长期来看,所有生产要素都是可变的,而一个或多个生产要素在短期内可能是固定的。

从长远来看,如果公司的经济利润(有时称为正常利润)为零,并抵消了所有者的隐性或机会成本,那么公司就应该继续经营。公司利润为:

$$\pi = TR - TC$$

公司继续经营,如果 $TR-TC \geqslant 0$,则重新排列为 $TR \geqslant TC$。

由于 $TR = P \times Q, TC = AC \times Q$,我们将条件改写为 $P \geqslant AC$。

因此,基于利润最大化和长期盈亏平衡的需要,企业的长期供给曲线就是边际成本 MC 位于平均成本曲线 AC 之上的部分。

参考文献/拓展阅读

N Gregory Mankiw(2020), *Principles of Economics 9th ed*, Cengage Learning, pp. 263—275.

2.4 区块链和企业决策

鉴于区块链技术的优势特点,我们希望促进其在企业决策过程中的应用。

学习目标

理解区块链在企业决策中所扮演的角色。

主要内容

要　点
- 区块链技术可以革新组织设计,让组织更好地创造价值。

重点名词
- 区块链(Blockchain):是一个记录信息的系统,它使改变、破解或欺骗系统变得困难或不可能。它本质上是一个重复交易的账本,分布在整个计算机系统中。
- 分散式自治组织(DAO):由开发人员创建,用于自动化决策和促进事务处理。
- 物联网(Internet of Things):通过在日常物体中嵌入计算设备与网络互联,使其能够发送和接收数据。

区块链技术可以存档和永久管理不能被损坏或篡改的数据。区块链技术通过"智能合约"和共识机制可以自动化监督、开发、评估和决策执行过程。区块链技术以其分散、分布式的特点,给组织设计带来革命性的变化。一个例子就是公司做出的是购买还是制造的决策。公司要做的决定是制造、购买或建立关系网。

应用区块链的公司逐渐与分布式网络组织(价值互联网的一部分)统一起来。当公司开始使用部署在区块链上的智能合约时,它们将成为一个 DAO,所有种类的参与者在其中自发组织以创造价值。由于不可撤销的代码被部署和存储在区块链数据中,无论是在代码内实现还是通过合理的操作来确保管理,都是至关重要的。此外,DAO 必须确保它们遵守法规要求,这可能是矛盾的,也可能不是。

总的来说,经济学考虑探索区块链技术如何塑造数字平台的竞争和创新。区块链为组织创造价值、开发不同的产品和服务、自动化战略决策和减少中介提供了巨大的可能性,从而产生了新的组织概念。然而,需要更多的研究来深化治理并迎接技术上的挑战。

参考文献/拓展阅读

[1]Christian Catalini, & Joshua S Gans(2016), Some Simple Economics of The Blockchain[Ebook], NBER Working Paper Series, Retrieved from https://www.nber.org/system/files/working_papers/

w22952/w22952.pdf.

[2]Jason Potts,Chris Berg,& Sinclair Davidson(2019),Blockchain Technology as Economic Infrastructure:Revisiting the Electronic Markets Hypothesis,Retrieved from https://www.frontiersin.org/articles/10.3389/fbloc.2019.00022/full.

[3]Mark van Rijmenam(2019),A Distributed Future:Where Blockchain Technology Meets Organisation Design and Decision-making,Retrieved from https://medium.com/swlh/a-distributed-future-where-blockchain-technology-meets-organisation-design-and-decision-making-ce7430e1a196.

练习题

习题1

聚集生产相同产品的公司的生产可能性边界体现了(　　)。

A. 产品应该如何分配给消费者

B. 产品将来应该如何生产

C. 使用不同的投入可以生产多少产品

习题2

假设公司X的显性成本是10 000美元/月。这家公司的老板在另一份最好的工作中可以赚取1 000美元。公司营收是每月12 000美元。X公司的会计利润是(　　)。

A. 1 000　　　　　　　B. 2 000　　　　　　　C. 11 000

习题3

下列情况中能最好地描述机会成本的概念的是(　　)

A. 利用投资机会(涉及成本)

B. 这家公司计划倒闭,因为它预计将获得负的经济利润

C. 由于有许多技术机会,公司预计降低成本

习题4

丹尼尔是一家超市的经理,月薪4 000美元。如果他开始做送餐业务,那么他将获得7 000美元的收入。丹尼尔有一辆中型卡车用来上下班,卡车可以卖到10 000美元。丹尼尔可能会把收益存入储蓄账户,如果卖了,每年就能赚3%。他预计公司的运营费用(包括燃料和其他费用)是每月1 000美元。

丹尼尔每月的总经济利润为(　　)。

A. 1 700美元　　　　　B. 2 000美元　　　　　C. 6 000美元

习题5

下列情况中规模经济会存在的是(　　)。

A. 市场规模很重要

B. 短期投入价格预计会下降

C. 平均成本随着产量的增加而下降

习题6

一个在完全竞争市场中经营的公司预计它的平均收入超过它的平均可变成本而不是平均总成本,公司应该(　　)。

A. 立即关闭
B. 短时间内关闭
C. 如果情况预计不会改变,则长期关闭

参考答案

习题1
答案:选项 C 正确。
生产可能性边界是一个图形,它显示了给定生产要素和技术的各种产出组合。

习题2
答案:选项 B 正确。
会计利润是总收入和显性成本之间的差额。

习题3
答案:选项 B 正确。
经济利润是净隐性成本,包括企业主的机会成本。

习题4
答案:选项 A 正确。
总经济利润＝7 000－1 000－300－4 000＝1 700(美元)

习题5
答案:选项 C 正确。
当一个公司的长期平均成本曲线向下倾斜时,它正在经历规模经济。

习题6
答案:选项 C 正确。
如果公司的产出足以弥补可变成本和部分固定成本,那么它应该在短期内继续运营。如果这种情况预计将长期持续,则该公司应该关闭。

第 3 章　市场结构

3.1　市场结构分析

依据公司所处的市场结构类型的不同，公司的决策者面临着不同的选择。一些重要的决定，例如公司产品定价和追求利润增长的决定性战略等都需要依托于市场结构。由于竞争市场的选择不同于垄断市场，因此我们需要对市场结构有清晰的了解，以帮助指导企业决策。

学习目标

描述完全竞争、垄断竞争、寡头垄断和纯垄断的特征。
理解决定市场结构的因素。

主要内容

要　点
- 从长远来看，企业的盈利能力取决于与其运营所在的市场结构相关的力量。
- 在高度竞争的市场中，长期收益会由于竞争被压制。在竞争较小的市场中，可观收益尽管在长期也是可得的，但在短期，任何结果都是可能的。
- 市场结构可以被分为四个不同类别：完全竞争、垄断竞争、寡头垄断和垄断。

重点名词
- 价格接受者（Price Takers）：必须接受市场给定价格的群体。

3.1.1　市场结构的类型

经济学家将市场定义为一组彼此了解并以商定的价格彼此交换商品或服务的买卖双方。一些市场高度集中，大多数销售总额来自少数公司。例如，截至 2018 年 1 月，在互联网搜索市场中，三家公司控制着 98.9% 的美国市场：谷歌排名第一，占 63.5%；微软排名第二，占 24%；Oath（前身雅虎）排名第三，占 11.4%。其他市场则非常分散，例如汽车修理，通常是小型独立商店占主导地位，大型连锁店不一定存在。

市场结构可以被分为四个不同类别：完全竞争、垄断竞争、寡头垄断和垄断。

竞争最激烈的环境就是完全竞争。完全竞争在实际市场中得到证明，并在几个买卖双方交易同质产品的商品市场中体现。没有一个生产者庞大到足以影响市场价格。在完全竞争下，企业家或投资者在竞争中难以获得高于要求回报的利润。平均而言，在竞争市场中的公司应获得公平的回报，并且在竞争激烈的环境中，这些公司尽管不兴盛但是可以生存下去。

虽然竞争激烈，但是垄断竞争是一种不完全竞争的情况。这种市场结构包括竞争与类似垄断条件的要素的混合。这种市场结构由许多拥有差异化产品的公司组成。因此，对于那些消费者认为与其他"相似"产品明显不同的产品，就可以拥有一定程度的定价能力。例如在碳酸饮料市场，可口可乐享有着较高的品牌忠诚度。

寡头市场结构的特征是由相对较少的公司组成。供应端的公司数量很少，因此，每个公司的战略决策都必须考虑其他公司的战略和行动。诸如考虑超市的定价行为，尤其是易腐食品的定价行为，其定价策略和促销产品要基于附近其他超市的预期反应。假设其中一位竞争者在季节性商品上有促销。在这种情况下，超市可以考虑以类似的促销方式进行回应，或者促销其替代产品，又或者不采取任何措施。

最后，垄断市场结构的竞争性是最低的。在纯粹的垄断中，给定的产品或服务没有其他合适的替代品。单个卖方，如果不受约束，就可以对定价和产量行使相当大的权利。因此，基于市场的经济体中的纯粹垄断通常由政府监管。主要城市的铁路系统就是受管制的垄断的一个例子。铁路运营商是被允许获得正常的投资回报的，但用于获取回报的票价是由监管机构（例如新加坡陆路交通管理局）设定的。此外，监管机构还制定了其他运营激励措施以确保服务质量。

3.1.2 决定市场结构的方面

决定市场结构的主要因素：
(1) 提供产品的公司的数量和相对规模；
(2) 产品的差异化程度和独特性；
(3) 卖方定价的权力；
(4) 进入与退出市场的难易程度。

市场中企业的数量和相对规模会影响市场结构。如果有很多公司，则竞争程度会加剧。随着提供商品或服务的公司数量减少，消费者的市场选择就会受到限制。一种极端情况是垄断市场结构，只有一家公司提供独特的商品或服务。另一种极端是完全竞争，许多公司都提供类似的产品。

许多公司都以完全竞争的方式在垄断竞争中向市场提供产品。但是，一个公司的产品一旦以某种方式与其他产品产生差异，就会使其看起来比其他公司的同类产品更好。如果公司成功地使其产品变得与众不同，那么这种差异将可以带来定价杠杆。不同质产品出现的种类越多，市场将更像垄断市场结构。一个公司可以通过积极的广告活动、频繁的样式更改、将其产品与其他互补产品绑定等方式来使其产品与众不同。

随着生产的差异化，我们很可能会看到非价格竞争。非价格竞争的一个例子是通过营销实现产品差异化。在其他情况下，可能会因为市场上的少数公司彼此依赖而产生非价格竞争。每个公司都担心报复性的价格变化会降低市场上所有公司的总收入。由于寡头行业的公司很少，每个公司都感觉依赖于其他公司的定价策略，因此，非价格竞争成为主导策略。

在供需关系决定价格的市场中,个体企业无法控制定价——作为价格接受者。也就是说,个体企业必须接受市场要求的任何价格。在完全竞争的市场结构下,价格就是这种情况。在垄断竞争的情况下,产品差异化的成功决定了企业影响价格的程度。因为市场上的公司很少,所以使寡头垄断中的价格控制成为可能。但是,寡头垄断市场中的公司数量很少,因此需要制定相对复杂的定价策略。而这可能导致共谋,主导公司的价格领导以及其他定价策略。

表 3.1 展示了市场结构的特点。

表 3.1　　　　　　　　　　　　　　市场结构的特点

市场结构	卖家数量	产品差异化程度	进入壁垒	公司定价能力	非价格竞争
完全竞争	很多	同质/标准化	非常低	无	无
垄断竞争	很多	差异化	低	少量	广告及产品差异化
寡头垄断	很少	同质/标准化	高	少量或大量	广告及产品差异化
垄断	一家	独特产品	非常高	大量	广告

从企业所有者的角度来看,最理想的市场结构是对价格拥有最多的控制,因为这种控制可以带来可观的利润。垄断和寡头市场提供了对价格最大的潜在控制权。垄断竞争提供的控制较少。在完全竞争的市场条件下运作的公司则无法控制价格。此外,消费者希望市场具有最高的竞争程度和较低的价格。消费者通常更喜欢大多数商品和服务是由竞争性市场提供的。在接下来的部分中,我们将重点讨论完全竞争和垄断。

3.2　完全竞争和垄断

3.2.1　完全竞争

完全竞争通常被视为与其他市场结构进行比较的基准。

学习目标

了解完全竞争下的需求分析和供给分析。
学会计算最优产量和价格。

主要内容

要　点

- 描述完全竞争的五个条件。
- 与其他市场结构相比,完全竞争中销售的数量最多,而价格通常最低。在所有市场结构类型中,是否拥有最低价格取决于需求弹性和规模收益的增加,从而降低了生产者的边际成本。

重点名词
- 机会成本（Opportunity Cost）：通过确定资源的下一个最佳机会来衡量。
- 经济利润（Economic Profit）：总收入（TR）和总成本（TC）之间的差额。经济利润与会计利润不同，因为会计利润不包括机会成本。
- 报酬递减法则（Law of Diminishing Returns）：每增加一单位的投入，产出的增量会逐渐减少。

我们使用以下五个条件来描述完全竞争：
(1)众多潜在的买家与卖家；
(2)产品大致相同；
(3)卖家可以轻松进出市场；
(4)卖家无法设定价格；
(5)没有非价格竞争。

完全竞争通常被视为与其他市场结构进行比较的基准。完全竞争的最典型例子体现在农业的某些方面，例如许多种植玉米作为动物饲料的农民。玉米是猪肉、牛肉和家禽生产的主要食物来源。农民布朗产出的玉米实际上与农民洛佩兹产出的玉米没有什么不同。如果养猪户需要玉米来喂养他的猪，那么玉米来自农民布朗还是农民洛佩兹都没关系。

此外，在运作良好且拥有活跃的期货和现货的玉米市场中，有关价格和数量的信息是十分易得且廉价的。玉米产品是不容易被区分的。尽管农业综合企业是资本密集型企业，但丰富的耕地和水资源使得新参与者进入玉米生产市场相对容易。

1. 需求分析

经济学家通常通过坐标轴中的需求和供应曲线来表示市场中的需求和供应。数量和价格分别显示在 x 轴和 y 轴上。经济学家认为，需求函数具有负斜率，如图 3.1 所示。在高价格下，需求更少。

需求量会随着普通商品和服务的价格下降而增加。这个概念基于两个效应：收入效应和替代效应。收入效应是价格下跌时消费者会拥有更强的购买力。消费者有能力以较低的价格购买更多的产品。替代效应则来自低价产品不断增长的吸引力。如果大豆价格保持不变但玉米价格下跌，养猪户就会用玉米代替大豆来饲养牲畜。

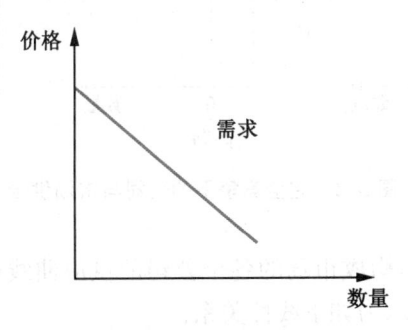

图 3.1 完整竞争条件下的市场需求

假设对此产品的需求可以表示为 $Q_D = 50 - 2P$，Q_D 代表需求量，P 代表产品价格。我们根据价格重新排列需求函数：
$$P = 25 - 0.5Q_D$$

在这种形式下，总收入等于价格乘以数量，即：
$$TR = P \times Q_D = 25Q_D - 0.5Q_D^2$$

将总收入除以数量可得出平均收入：
$$AR = \frac{TR}{Q_D} = \frac{25Q_D - 0.5Q_D^2}{Q_D} = 25 - 0.5Q_D$$

边际收益 MR 是指当售出数量发生微小变化时，每增加销售一笔收入所产生的总收入变化 ΔQ_D（代表售出数量的变化）。将 $(Q_D + \Delta Q_D)$ 代入 TR 公式，边际收益可以被表达为：

$$MR = \frac{\Delta TR}{\Delta Q_D} = \frac{[25(Q_D + \Delta Q_D) - 0.5(Q_D^2 + 2Q_D\Delta Q_D + \Delta Q_D^2)] - (25Q_D - 0.5Q_D^2)}{\Delta Q_D}$$

$$= \frac{25\Delta Q_D - Q_D\Delta Q_D - 0.5\Delta Q_D^2}{\Delta Q_D}$$

$$= 25 - Q_D - 0.5\Delta Q_D$$

2. 供给分析

考虑两个油棕种植者艾哈迈德先生和萨勒先生。他们都有土地可用于种植油棕，并以每千克 3 个货币单位的相同价格出售棕榈油。他们将尝试以该价格生产尽可能多的棕榈油。如果新消费者进入市场（例如燃料生产商）将价格推高至每千克 5 个货币单位，则艾哈迈德和萨勒先生将尝试生产更多的玉米。为了增加产量，他们可能会将生产力不高的土地增加灌溉，使用更多的肥料或采取所有可能的方式。因此，生产成本可能会增加。他们将继续尝试生产尽可能多的玉米，以每千克 5 个货币单位这一更高的新价格获利。图 3.2 说明了这一情况。值得注意的是，各个公司的供给函数（艾哈迈德、萨勒等）具有正的斜率。因此，随着价格上涨，企业会提供更多的产品数量。

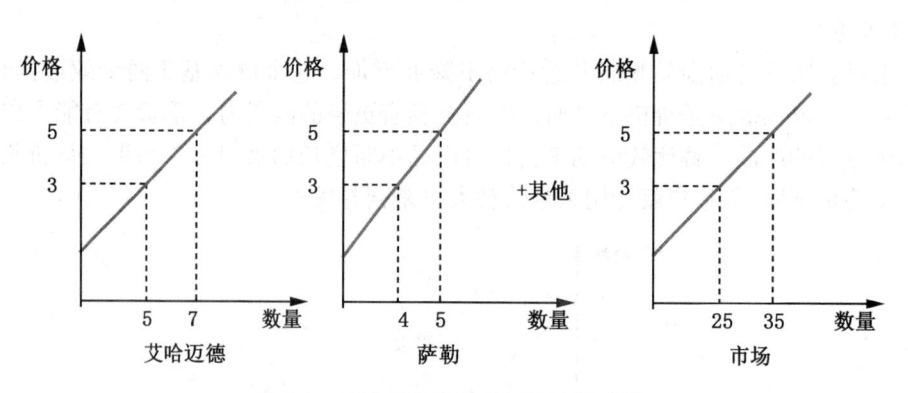

图 3.2 完全竞争下的公司与市场供给

请注意，市场供应曲线是构成市场的各个公司的供应曲线（艾哈迈德、萨勒等）的总和。假设市场的供给函数可以表示为如下线性关系：

$$Q_S = 10 + 5P \text{ 或 } P = 2 + 0.2Q_S$$

式中，Q_S 是供给数量，P 是产品价格。

继续前面的例子，我们现在可以结合市场供求函数来求解均衡价格和数量，其中 Q^* 表示供求均衡水平。

$$P=25-0.5Q_P=-2+0.2Q_S=P$$
$$25-0.5Q_D=-2+0.2Q_S$$
$$27=0.7Q^*$$
$$Q^*=38.57$$

根据市场需求曲线,均衡价格为:

$$P=25-0.5Q^*=25-0.5\times38.57=25-19.29=5.71$$

市场上有很多公司,且产品的总产量接近 39 个单位,有效市场价格为 5.71。那么,$P=5.71$ 会是每个完全竞争企业的需求曲线。如果少数生产者扩大生产,就不会对市场均衡价格产生影响。如果有人能够改变均衡市场价格,那么市场就不会处于完全竞争状态。因此,即使整个市场的需求曲线是向下倾斜的,每个完全竞争的公司所面对的需求曲线也都是在均衡价格下的一条水平线,如图 3.3 所示。

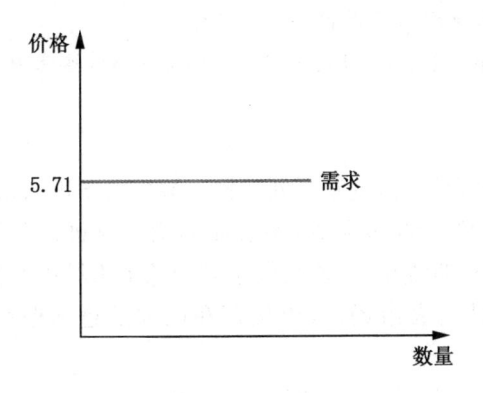

图 3.3 个体企业在完美竞争中的需求

参考文献/拓展阅读

[1]Mankiw N G(2020),*Principles of Economics 9th ed*,Cengage Learning,pp. 264-285.
[2]Png I(2016),*Managerial Economics 5th ed*,Routledge,pp. 21-42.

3.2.2 垄 断

垄断的市场结构是仅有一家公司,并且该公司对试图进入市场的公司构成了实质性的障碍。

学习目标

了解垄断下的需求分析和供给分析。
学习计算最佳产量和价格。
注意垄断与垄断竞争之间的区别。

主要内容

要　点

- 垄断市场有五个特点。
- 与其他市场结构相比,垄断者以较高的价格出售较少的数量。除非受到约束,否则垄断会显示出高利润率和强劲的正现金流,从而使股东受益。
- 为了收取更高的价格,垄断者、寡头企业和垄断竞争中的生产者试图使他们的产品差异化。
- 当卖方具有定价权时,价格歧视具有许多实际应用。

重点名词

- 一级价格歧视(First-Degree Price Discrimination):收取消费者愿意承担的最高价格。
- 二级价格歧视(Second-Degree Price Discrimination):诱使客户通过一系列基于数量的定价选项来揭示他们对产品的高度评价。
- 三级价格歧视(Third-Degree Price Discrimination):按客户特征或其他特征对客户进行分类。

相对于完全竞争的公司而言,垄断则处于另一端。由于进入市场的障碍较大,因此一家公司可以生产专门的独特的产品或服务,不会面临竞争威胁。由于其独特的产品没有替代品,其需求曲线与市场需求曲线相同,这与处于完全竞争市场中的公司形成鲜明对比。垄断的显著特征是单个公司即代表市场,且市场存在巨大的进入壁垒。垄断市场的具体特点如下:

(1)仅有一家拥有独特且高度差异化产品的卖家;
(2)销售的产品没有与其接近的替代产品;
(3)较高的成本和其他巨大的壁垒导致市场进入困难;
(4)一家公司拥有强大的定价权;
(5)通过非价格手段加强产品差异化。

1. 需求分析

垄断者的需求曲线是相关市场中产品的总需求,并且向下倾斜。需求关系的一般形式为:

$$Q_D = a - bP, \quad \text{或写作} \quad P = a/b - (1/b)Q_D$$

因此,总收入 $= TR = P \times Q = (a/b)Q_D - (1/b)Q_D^2$。

边际收益的定义是在需求数量变化的情况下收益的变化。直觉上,由于公司要降低价格使数量增加,所以边际收益曲线应比需求曲线更陡峭。如图3.4所示,边际收益曲线的斜率是线性需求曲线的两倍。即:

$$MR = \Delta TR / \Delta Q = (a/b) - (2/b)Q_D$$

假设有一家在偏远的岛屿上售卖天然气的公司,它的产品需求可以表达为:

$$Q_D = 400 - 0.5P, \quad \text{也可写作} \quad P = 800 - 2Q_D$$

总收益是 $P \times Q = TR = 800Q_D - 2Q_D^2$,边际收益是 $MR = 800 - 4Q_D$。

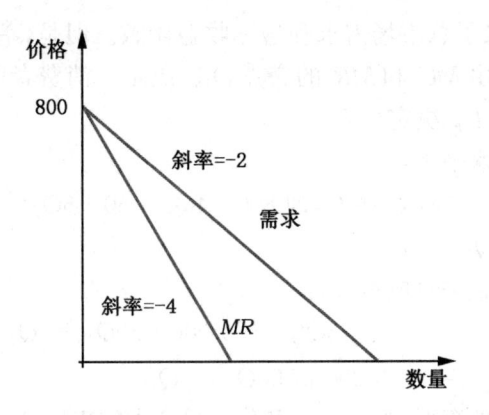

图 3.4 垄断者的需求和边际收益

如图 3.4 所示,需求曲线的截距为 800,斜率为 −2。边际收益曲线的截距为 800,斜率为 −4。

平均收益 $(AR)=TR/Q_D=800-2Q_D$,这与需求公式相同。在垄断市场模型中,平均收入与市场需求曲线相同。

2. 供给分析

垄断者的供给分析着眼于公司的成本结构。可以很好定义最佳产出水平和价格的供给函数不适用于垄断(以及垄断竞争和寡头垄断)。

但是,为了计算最优产量,我们需记得最优产量是利润最大化时的产量水平。利润最大化发生在边际收入等于边际成本时,即 $MR=MC$。

假设天然气公司已确定其总成本,那么,总成本可以表示为:$TC=20\,000+50Q+3Q^2$;边际成本为:$\Delta TC/\Delta Q = MC=50+6Q$。

供需可以结合起来确定利润最大化的产出水平。图 3.5 结合了垄断者的需求和成本函数。

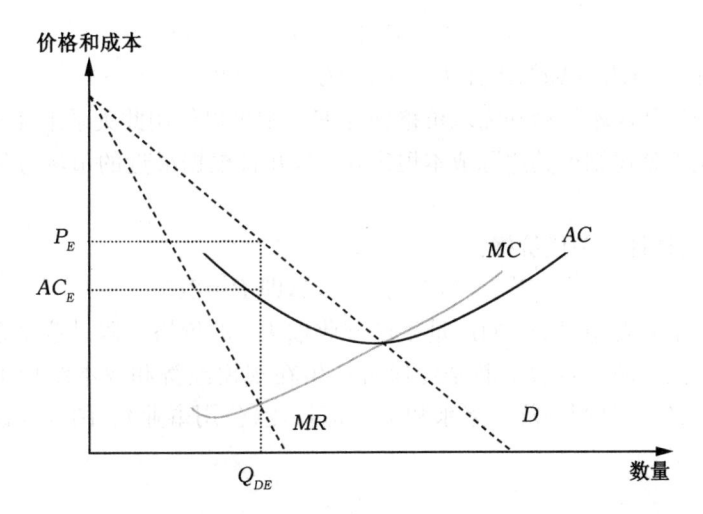

图 3.5 垄断者的需求、边际收益和成本结构

如图所示,明确定义了总市场需求和边际收益函数。但是,垄断者是没有供给曲线的。使利润最大化的数量是由 MC 和 MR 的交点 Q_{DE} 决定。消费者愿意为该产出水平付出的价格为 P_E,由需求曲线 P_E 决定。

利润最大化的产出水平为:
$$MR = MC,即\ 800 - 4Q_D = 50 + 6Q_D$$

因此,当利润最大化时,$Q_D = 75$。

总利润等于总收益减去总成本,即:
$$\pi = 800Q - 2Q_D^2 - (20\,000 + 50Q_D + 3Q_D^2)$$
$$= -20\,000 + 750Q_D - 5Q_D^2$$

利润由代表总收入的矩形 $Q_{DE} \times P_E$ 和代表总成本的矩形 $Q_{DE} \times AC_E$ 的面积之差表示。

3. 最优价格与产量

我们继续天然气的例子。总利润函数可以使用二次公式求解。解决利润函数的另一种方法是评估 $\Delta\pi/\Delta Q_D$ 并将其设置为零。该方法确定了利润不受产量变化影响的这一点。当然,这与利用边际收益等于边际成本得到的结果相同。当 $Q^* = 75$ 个单位产量且价格根据需求曲线定为 650 时,垄断将达到利润最大化。

$$P^* = 800 - 2 \times 75 = 650\ 每单位$$

要找到总的最大利润,需将这些值替换为上面的利润函数:
$$\pi = -20\,000 + 750Q_D - 5Q_D^2$$
$$= -20\,000 + 750 \times 75 - 5 \times 75^2$$
$$= 8\,125$$

注意,使利润最大化的价格和产出组合出现在需求曲线的弹性部分。因为边际收益和边际成本将始终在边际收益为正的地方相交。这一事实表明,需求量对价格变化的反应超过比例,即在 $MC = MR$ 的点上时,需求具有弹性。边际收益与价格弹性 E_P 之间的关系如下[①]:

$$MR = P[1 - (1/E_P)]$$

在垄断中,由于 $MR = MC$,因此 $P[1 - (1/E_P)] = MC$。

如果公司知道其成本结构和需求价格弹性 E_P,则可以使用此关系来确定达到利润最大化时的价格。假设公司知道其边际成本恒定在 75,并且根据最近的市场分析估计价格弹性为 1.5。

那么,可以这样计算最优价格:
$$P[1 - (1/1.5)] = 75,即\ P = 225$$

图 3.5 表明垄断者想以 Q_E 的产量生产并收取 P_E 的价格。假设这是在政府管制下作为特许经营的自然垄断。自然垄断企业通常产生在规模经济和成本结构不断下降的基础上。例如发电、天然气分配以及自来水和下水道行业(公用事业)。图 3.6 说明了这种长期均衡的市场。

---

① Andrew Barkley(2019), The Economics of Food and Agricultural Markets (Barkley), https://socialsci.libretexts.org/Bookshelves/Economics/Book%3A_The_Economics_of_Food_and_Agricultural_Markets_(Barkley)/03%3A_Monopoly_and_Market_Power/3.03%3A_Marginal_Revenue_and_the_Elasticity_of_Demand.

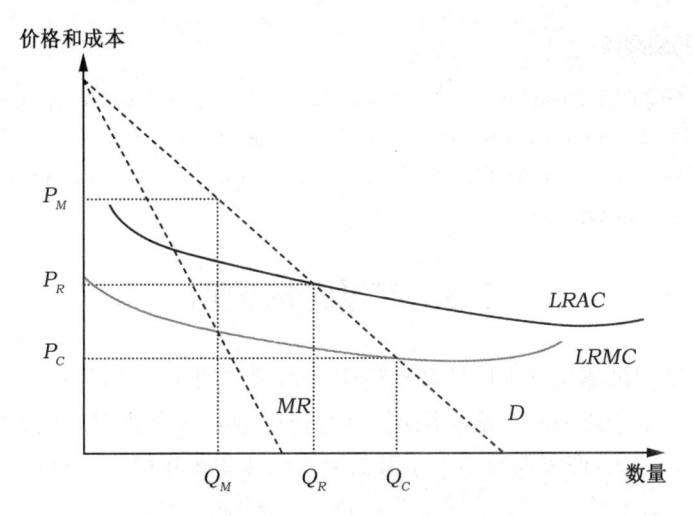

图 3.6 监管定价环境下的自然垄断

垄断者在利用市场结构方面可能或多或少有效。在一个极端情况下,我们有一个价格和供给数量与完全竞争时的价格和供给数量相同的垄断者。这种情况可能是由于监管或进入的威胁(如果垄断者收取更高的费用,则另一家公司可能会进入市场并以原垄断者的价格使其退出市场)。另一个相反极端,为所有消费者和经济学家所憎恶的情况是垄断者提取了全部消费者剩余。这种情况称为一级价格歧视,即垄断者可以收取消费者愿意承担的最高价格。

在二级价格歧视中,垄断者诱使客户通过一系列基于数量的定价选项来揭示他们对产品有多重视,例如批量折扣、批量附加费、优惠券折扣、产品捆绑以及访问或使用限制。

最后,三级价格歧视会根据受众特征或其他特征区分客户。例如,将不同的软件版本出售给学生、家庭、小型办公室和企业。该软件的每个版本都有不同的功能,并以各种价格出售用户许可证。

4. 垄断竞争

垄断有别于垄断竞争。垄断竞争市场结构具有垄断和完全竞争市场的特征。它与完全竞争的不同之处在于所出售的产品是有差异的。

垄断竞争的特点包括:
(1)大量潜在的买家与卖家;
(2)有产品相似的替代品且在一定程度上有差别;
(3)合理的较低的进出市场的成本;
(4)一定程度的定价能力;
(5)产品通过广告和其他非价格策略产生差异。

尽管市场上有许多销售替代产品的公司,但每个生产商都在某种程度上设法使其产品与众不同。这种做法的成功有助于提升生产者在市场上的定价能力。如果成功达成差异化,例如创建了可识别的品牌名称,那么市场结构将类似于单卖方市场(垄断)所获得的市场结构。从长远来看,由于进出市场成本相对较低,竞争将使价格和收益下降,类似于完全竞争。因此,该市场显示出在完全竞争和垄断市场中都可以找到的特征。

参考文献/拓展阅读

[1] Mankiw N G(2020),*Principles of Economics 9th ed*,Cengage Learning,pp. 286—307,318—325.
[2] Png I(2016),*Managerial Economics 5th ed*,Routledge,pp. 167—192.
[3] Fritz R, PhD, & Gambera M, PhD, CFA(n. d.), The Firm and Market Structures, In CFA Level 1 2020, John Wiley Sons, Incorporated.

3.3 市场结构识别

不同的市场结构可能具有不同的效率程度,因为随着生产价格的提高,商品的生产和消费数量可能减少。由于价格的上涨会限制产量,企业垄断或企业拥有较大定价权的情况都可能导致低效率。因此,许多国家引入了有关竞争的法律来规范许多行业中的竞争。

学习目标

理解衡量市场势力的方法。

主要内容

要　点

● 回归分析和截距回归分析可用于计算市场势力。但是,这些方法均有局限性。
● 尽管存在一些缺点,但一些简单的衡量方法如集中度因为其便于运算而被使用。

重点名词

● 市场势力(Market Power):在竞争市场中,一个企业提高和维持价格的能力。

辨别市场结构的理论答案是估计市场的需求和供给弹性。在市场非常接近完全竞争的情况下,估计需求将非常有弹性。但如果公司具有强大的市场力量,则估计需求可能没有弹性。

一种经验方法是对大量数据样本使用回归分析,使用历史时间序列或截距数据估算弹性。若使用时间序列数据,则我们可能会使用20年的市场季度销售数据。但是,20年是很长的时间,市场可能会在此时间范围内发生变化,并且估计所得的弹性可能无法代表当前的状况。此外,如果市场中存在大量合并,则供给曲线的弹性可能会发生巨大变化。一个例子是过去20年的美国航空市场。

另一种方法是使用回归分析来查看同一年不同公司的截距数据。这种方法需要更细化的数据,例如同一年其他公司的销售数据。人们还可以使用更细粒度的数据,例如来自许多公司和个人买家的交易数据。这种细粒度的数据收集非常耗时并且容易出错。

为了避免上述缺点,分析人员经常使用更简单的方法来估计弹性。最简单的方法是集中度,即最大的N家公司的总市场份额。集中度是通过将10家最大公司的营业额中的总和与总市场营业额相除而得出的。从纯竞争到垄断,结果将在0到100之间。结果不能直接用于衡量市场势力。衡量市场集中度的一个指数是赫芬达尔-赫希曼指数(HHI)。

参考文献/拓展阅读

CFI(n. d.), Herfindahl Hirshman Index(HHI): How to access the degree of market concentration in an industry, https://corporatefinanceinstitute. com/resources/knowledge/finance/herfindahl-hirschman-index-hhi/.

3.4 金融科技与市场结构

鉴于区块链技术的优势,我们希望在促进公司决策的流程中增加其应用。

学习目标

了解有关金融科技对市场结构的影响。

主要内容

要 点

- 关于金融科技公司入侵银行业市场的争论仍在进行,一个重要的问题是银行业的市场结构是否会改变。该问题的答案具有重要的长期影响,并向当前的参与者发出了信号,要为这种变化做好准备。

重点名词

- 数字化(Digitalization):是一种记录信息的系统,使更改、侵入或欺骗该系统变得困难甚至不可能。它本质上是重复交易的账本,并分布在整个计算机系统中。
- 区块链(Blockchain):是一种记录信息的系统,使得更改、侵入或欺骗该系统变得困难甚至不可能。它本质上是重复交易的分类账,并分布在整个计算机系统中。

金融科技已开始革新传统金融行业所提供的服务及其与客户互动的方式。它正在改变提供传统金融服务的主要范式,导致适用业务模式的根本中断,从而模糊了传统金融领域的界限。

数字化或金融科技公司正在入侵银行市场。评估金融科技对银行业市场结构(从微观经济学的角度来看)的影响是必不可少的。如果会影响,则需要决定建立哪种类型的市场结构。结构的改变可能意味着重大的长期影响,并会发出信号,要求相关人员提前做好准备。

根据(Catalini,2017)的说法,金融科技公司的解决方案与传统银行业的解决方案明显不同,前者引入了新方法,提高了节省成本的可能性以及更高的客户满意度。整合区块链技术可以降低验证成本,确保市场更加安全高效,并扩展用户愿意参与的交易类型。

由于网络效应和规模经济的影响,使得我们如今生活的数字平台已经积累了高度的市场势力。它们通常充当行业中默认的"共享基础结构"。

尽管如此,对市场的实际影响仍然是一个尚未解决的问题。目标是通过数字化和区块链来展现应当建立哪种类型的市场结构,以及如何创建更具竞争性的市场。

参考文献/拓展阅读

[1] Catalini C(2017), Why Blockchain Can Be Good For Competition, https://www.forbes.com/sites/christiancatalini/2017/10/30/why-blockchain-can-be-good-for-competition/? sh=76e89b14768e.

[2] Mate N, Laszlo C, & Sandor G(2019), Fintech companies and banks-encounter of two different market structures in Hungary-Economics & Working Capital, http://eworkcapital.com/fintech-companies-and-banks-encounter-of-two-different-market-structures-in-hungary/.

3.5 金融科技与竞争

金融科技已开始革新传统金融行业所提供的服务及其与客户互动的方式。它正在改变提供传统金融服务的主要范式,导致适用业务模式的根本中断,从而模糊了传统金融领域的界限。

学习目标

了解金融科技对金融服务市场中分析和评估反竞争行为的能力的影响。

主要内容

要　点
- 分析潜在反竞争行为的困难是传统工具的不当性造成的。
- 评估反竞争行为的困难还包括竞争对手的多样性和相对较新的用户。

重点名词
- 反竞争行为(Anticompetitive Behavior):一个公司或一组公司通过限制公司之间的竞争以提高市场地位和利润,同时又不以更低的成本或更高的质量提供商品的商业惯例。

随着传统市场的破坏,利用竞争工具分析潜在的反竞争行为中的应用面临着若干挑战。最相关的挑战是运用传统的竞争法律工具来评估这个相对较新和创新的市场领域的竞争问题。困难包括:(1)描述相关市场;(2)定义一种服务类型的市场势力;(3)分析反竞争行为及其根本原因。此外,市场势力评估不能仅仅依靠如市场份额、价格或利润率的传统指标。这些指标无法解释金融科技服务中供需之间的经济关系,因为其中一些服务以零价格提供或以多方平台与多个利益相关者交织在一起的方式提供。(Carmona, et al., 2018)

金融科技服务市场的现状使挑战更加严峻。不同于那些市场成熟且相关参与者和特征、知名度较高的其他领域,金融科技服务的特点是汇合初创企业、大型金融机构和大型科技公司共同为相关竞争对手。起源的多样性和竞争优势的潜在来源意味着不同市场的状态在不断变化。这种多样性意味着企业可以根据其认为相似且易于产生协同作用的活动迅速改变其服务组合。同时,企业用户相对较新,并且慢慢习惯了这些服务的不同优惠组合。用户是新用户,意味着他们对哪些产品具有可比性、哪些服务具有替代性的看法是不断变化的。明确长期持续的市场力量和优势来源,甚至在这种情况下谈论现任者,都是具有挑战性的。如果策略在不断变化且市场势力处于可竞争和有争议时,那么默认选项应该是谨慎的。

参考文献/拓展阅读

[1]Carmona A F,et al(2018),Competition Issues In The Area Of Financial Technology (Fintech),Policy Department for Economic,Scientific and Quality of Life Policies,pp. 48—80,https://www.europarl.europa.eu/RegData/etudes/STUD/2018/619027/IPOL_STU(2018)619027_EN.pdf.

[2]Cao L(2020),AI In Fintech:A Research Agenda,[ebook]University of Technology Sydney,Australia,https://arxiv.org/pdf/2007.12681.pdf.

练习题

习题1
如果有几个少量差异化的卖方,那么对这个市场结构最好的描述为( )。
A. 寡头垄断　　　　　B. 垄断　　　　　C. 完全竞争

习题2
公司几乎没有将广告用作差异化工具的动力的市场所具有的结构是( )。
A. 垄断　　　　　B. 完全竞争　　　　　C. 垄断竞争

习题3
Neptune Energy公司在其国内市场上享有很高的准入门槛。它的边际成本是40美元,平均成本是70美元,需求的价格弹性估计为1.5。该公司很可能将价格定为( )。
A. 40美元　　　　　B. 70美元　　　　　C. 120美元

习题4
一个完全竞争市场中的需求曲线为$P=93-1.5Q$(当$Q\leq62$时),并且每个公司的长期成本结构如下:

总成本=$256+2Q+4Q^2$
平均成本=$256/Q+2+4Q$
边际成本=$2+8Q$

新公司进入市场的价格至少要高过( )。
A. 8　　　　　B. 66　　　　　C. 81

习题5
如果公司可以在完全竞争的市场中获得经济利润,那么从长远来看,供给曲线很可能会( )。
A. 向左移动　　　　　B. 向右移动　　　　　C. 保持不变

参考答案

习题1
答案:选项A正确。
少量卖家销售一种差异不明显的产品是寡头垄断的特征。

习题 2

答案：选项 B 正确。

在完全竞争的市场中出售的产品不太可能通过广告来产生差异。

习题 3

答案：选项 C 正确。

当 $MR=MC$ 时，利润最大化。对于垄断，$MR=P[1-(1/E_p)]$，使其等于 MC 可求得价格 P：

$$40=P[1-(1/1.5)]=P\times 0.333$$
$$P=120$$

习题 4

答案：选项 B 正确。

长期竞争均衡发生在每个公司的 $MC=AC=P$ 的情况下。MC 和 AC 相等意味着 $2+8Q=256/Q+2+4Q$。求解 Q，得出 $Q=8$。将价格与 MC 等同可以得出 $P=2+8Q=66$。任何高于 66 的价格都会产生经济利润，因为此时 $P=MC>AC$，从而新公司可以进入市场。

习题 5

答案：选项 B 正确。

经济利润会吸引新进入者进入市场，并鼓励现有公司扩大产能。

第4章 博弈论:战略博弈和寡头垄断模型

4.1 博弈论与寡头垄断绪论

"知彼知己,百战不殆;不知彼而知己,一胜一负;不知彼不知己,每战必殆。"

——《孙子兵法》

学习目标

学习博弈论和寡头垄断的基本构成。

主要内容

重点名词

- 寡头垄断(Oligopoly:):只有少数竞争公司的市场环境被称为寡头垄断。

博弈论是一种形式分析,用于预测一组决策主体的结果,允许战略互动。在这种情况下,单个参与者直接影响其他参与者的收益(利润)。换句话说,这种情况的一个基本特征是,每个人的回报取决于其他所有人的行为,而不是由他自己的行为决定的。为了全面描述什么是战略博弈,我们首先需要明确:

(1)参与者:谁是决策者?
(2)策略:每个决策者可以做的行动。
(3)收益:每个决策者由于其他决策者们的行动可能得到的收益。

当互动主体的数量很少时,博弈论尤其有用。因此,博弈论在分析由少数竞争公司组成的寡头垄断市场时是具有建设性的。针对寡头垄断的研究,我们将战略博弈的组成部分表示为:

(1)参与者:公司。
(2)策略:产出或者价格。
(3)收益:公司的利润。

许多产品和服务市场既不是由许多没有市场势力的供应商组成(完全竞争),也不是完全由单一供应商控制(垄断)。相反,一些竞争对手拥有一个行业的全部或大部分市场份额。例如,只有少数几个品牌的个人电脑(苹果、戴尔、惠普和联想)、软饮料(可口可乐、百事可乐)、电视机(LG、三星、夏普、索尼),甚至电动牙刷(欧乐B、飞利浦)。

大公司已经在各自的市场中占据了相当大的份额。大公司不能被描述为价格接受者或纯粹的价格制定者,因为不能忽视竞争对手的行为。这种只有少数公司相互竞争的市场环境被称为寡头垄断。

通常情况下,在大多数市场中,少数供应商会争夺许多潜在的买家。除了大公司之外,即使是小公司也往往是寡头垄断市场结构的一部分,可以在影响其他参与者的行动方面发挥作用。许多市场在地理上都是地方性的。当地的银行、超市和位于独立市场区域(如小社区、大学校园)的餐馆就是很好的例子。因此,寡头垄断是最常见的现象。

4.2 囚徒困境概念

囚徒困境是决策分析中的一种悖论,在这种悖论中,两个人以自己的利益行事,却不能产生最优的结果。

学习目标

理解囚徒困境概念。

主要内容

要 点
- 在正则形式的博弈中,所有参与者同时选择他们的所有行动。
- 典型的囚徒困境是这样设置的:双方都选择以牺牲对方为代价来保护自己。

重点名词
- 博弈论(Game Theory):一个用于设想竞争关系参与者之间的社会情境的理论框架。在某些方面,博弈论是一门战略科学,或者至少是独立和竞争的参与者在战略环境下的最佳决策。
- 正则形式的博弈(Normal Form Games):对一种博弈的描述。与扩展形式不同的是,正则形式的表示不是图形化的,而是通过矩阵的方式来表示博弈。
- 囚徒困境(Prisoner's Dilemma):这是一种悖论,即两个人按照自己的利益行事,却不能产生最优结果。
- 最佳对策(Best Response):在博弈论中,最佳对策是以其他参与者的策略为已知的情况下能为自己带来最有利结果的策略。

博弈可以正则形式呈现。简单地说,在正则形式博弈中,所有参与者都会同时选择所有行动。我们从一个典型的策略博弈的例子开始这个博弈的典型形式,这个例子叫作囚徒困境问题。这个例子展示了游戏中的关键元素是如何建模的。表4.1显示了一个有两个参与者的游戏。

这个表格描述了一个战略博弈,其中囚犯A和囚犯B被怀疑犯罪。然而,警方缺乏足够的证据来定罪任何一个嫌疑人。检察官向每个嫌疑人提供了一个交易。

- 如果 A 和 B 都保持沉默,则他们都将只服刑一年,即收益为-1;
- 如果 A 和 B 都认罪,则他们都将服刑两年,即报酬为-2;
- 如果 A 保持沉默,B 选择认罪,则 A 入狱 3 年而 B 被释放,即 A 的收益为-3,B 的收益为 0;反之亦然。

表 4.1　　　　　　　　　　　　　　囚徒困境博弈

囚徒困境策略		嫌疑人 B	
		沉默	坦白
嫌疑人 A	沉默	-1,-1	-3,0
	坦白	0,-3	-2,-2

我们认为,表格包含了以压缩格式显示所有信息所需的所有数据,这将在之后的内容中被广泛使用。第一,我们有两个参与者,嫌疑人 A 和嫌疑人 B。第二,嫌疑人 A 的策略是沉默和坦白,嫌疑人 B 的策略也是沉默和坦白。因此,这个游戏有四种结果:(1)两人拒不认罪{沉默,沉默};(2)嫌疑人 A 认罪{坦白,沉默};(3)嫌疑人 B 认罪{沉默,坦白};(4)两人均认罪{坦白,坦白}。第三,表格包含与相关策略配置相对应的嫌疑人 A(每格中的第一个数字)和嫌疑人 B(每格中的第二个数字)的回报。如果嫌疑人 A 和嫌疑人 B 都认罪,则我们将处于右下角的格子(-2,-2)中。

4.3　纳什均衡概念

纳什均衡是博弈论中的一个概念,即博弈的最优结果没有提供改变其初始策略的动机。

学习目标

理解纳什均衡概念的基本组成部分。
应用最佳响应函数来寻找纳什均衡。

主要内容

要　点

- 纳什均衡是一个策略组合(每个参与者都拥有一个策略列表)。有了这个性质,没有一个参与者在有了其他参与者策略的情况下能够通过改变策略而获得更高的回报。
- 换句话说,纳什均衡是这样一种情况:由于其他参与者的策略对其他参与者的决策持有不变的信念,因此双方都没有动机改变自己的策略。

重点名词

- 纳什均衡(Nash Equilibrium):一种策略组合(每个参与者都拥有一个策略列表),即鉴于其他参与者的策略,没有参与者能够通过改变自己的策略而获得更高的收益。

一旦博弈被恰当地定义,我们会有以下问题:
- 参与者在博弈中会选择什么行动?
- 这个博弈如何结束?

非正式地假设嫌疑人 A 问自己:"如果知道嫌疑人 B 的策略,并且把他的策略当作是固定不变的,那么我应该选择什么样的最佳策略?"

理想情况下,我们希望找到一种方法能够为参与者选择理想且合理的战略博弈结果,如下所示:

(1)每个参与者根据自己对其他参与者策略的看法,选择最适合自己的策略。
(2)每个参与者对其他参与者策略的看法都是正确的。

"最佳对策"函数有助于找到纳什均衡。

首先,我们制定一个双方博弈纳什均衡的概念,把参与者 1 最好的对策函数(或反应函数)称为 $R_1(s_2)$,即对于每一个给定的参与者 2 的策略 s_2 决定参与者 1 的战略 $s_1=R_1(s_2)$,以最大化参与者 1 的回报 $\pi_1[s_1=R_1(s_2),s_2]$。同样,我们将 $R_2(s_1)$ 定义为参与者 2 对于每个参与者 1 的策略 s_1 最佳对策函数。

根据最佳对策的定义,策略组合$\{s_1,s_2\}$是纳什均衡,当且仅当

(1)参与者 1 的策略 s_1 是参与者 2 策略 s_2 的最佳对策;
(2)参与者 2 的策略 s_2 是参与者 1 策略 s_1 的最佳对策。

因此,寻找纳什均衡的过程现在很简单:首先,我们计算每个参与者的最佳对策函数。其次,我们检查哪些策略组合在所有参与者的最佳对策函数上。对于双方博弈,我们现在知道$\{s_1,s_2\}$是一个纳什均衡,只有 $s_1=R_1(s_2)$ 且 $s_2=R_2(s_1)$。

现在我们来看看囚徒困境博弈来寻找纳什均衡结果。嫌疑人 A 对嫌疑人 B 的策略$\{沉默\}$的最佳对策是$\{坦白\}$,因为 $0>-1$;而 A 对嫌疑人 B 策略$\{坦白\}$的最佳对策也是$\{坦白\}$,因为$-2>-3$。同理,嫌疑人 B 对 A 的$\{沉默\}$的最佳反应是$\{坦白\}$,因为 $0>-1$;而 B 对 A 的$\{坦白\}$的最佳反应也是$\{坦白\}$,因为$-2>-3$。我们可以得出:

$$R_1(s_2)=\begin{cases}坦白,若 s_2=沉默\\坦白,若 s_2=坦白\end{cases}$$

以及

$$R_2(s_1)=\begin{cases}坦白,若 s_1=沉默\\坦白,若 s_1=坦白\end{cases}$$

我们可以看到,只有策略组合$\{坦白,坦白\}$满足 $s_1=R_1(s_2)$ 和 $s_2=R_2(s_1)$ 的性质,这是根据上述原则所期望的结果。值得注意的是,在这个纳什均衡$\{坦白,坦白\}$中,两个嫌疑人的处境都比策略博弈$\{沉默,沉默\}$中的更糟。因此,这个博弈被命名为囚徒困境。

4.4 寡头产出竞争:古诺模型

寡头垄断理论起源于法国数学家安东尼·奥古斯丁·古诺(Antoine Augustin Cournot,1801—1877)。另一位法国数学家约瑟夫·伯特兰德(Joseph Bertrand,1822—1900)对古诺的成就颇有批评,尤其是市场博弈的假设规则,他对此提出了悖论。

争论的焦点是定价机制。古诺假设每个公司决定生产多少,这意味着寡头把产量作为战略。然而,伯特兰德认为,让寡头自己设定产品价格以实现利润最大化似乎更合理。他提出了这个问题,并表示他所提出的修改将导致非常不同的结论。古诺寡头垄断的现实例子是石油输出国组织(OPEC),这些国家能够掌控自己生产多少石油,因为石油产量影响市场上的石油价格。

学习目标

讨论寡头垄断市场中企业的战略行为。
描述假设同质和差异化产品的古诺寡头垄断模型。

主要内容

要 点

- 古诺一开始假设企业都生产单一的同类产品,并同时选择生产。每个公司都在假设竞争对手不会相应地改变其生产水平的基础上决定生产多少。
- 在古诺模型中,当企业变得更具差异化时,其利润会增加。

重点名词

- 战略行为(Strategic Behavior):通常是指考虑其他经济主体的行动和反应的决策。它的基本特征是认识到自己的行为与他人行为之间的直接相互依赖。
- 古诺模型(Cournot Model):一种经济模型,在此模型中,竞争企业同时选择一个生产数量,假设竞争对手不会相应地改变其生产水平。
- 同质产品(Homogeneous Product):无法与不同供应商的竞争产品区分开来。
- 差异化产品(Differentiated Products):指在外观、质量甚至地点上都有差异的产品和服务。
- 寡头垄断(Oligopoly):是一种只有少数公司的市场结构,没有一家公司能阻止其他公司产生重大影响。
- 双头垄断(Duopoly):是一种寡头垄断的类型,即两家公司主导或独家控制一个市场。

4.4.1 同质产品的古诺模型

古诺首先假设企业生产单一的同质商品,同时选择生产数量(即产出水平是策略变量)。每个公司都在假设竞争对手不会相应地改变其生产水平的基础上决定生产多少。为了简化问题,我们关注两家公司的古诺竞争(双头垄断),它可以很容易地扩展到 N≥2 家公司。对于更广义的分析,读者可以参考 Kreps(1994)的《微观经济理论教程》和 Varian(1992)的《微观经济分析》。

我们假设市场需求逆函数是线性的,即:

$$P = 100 - (Q_1 + Q_2)$$

两家公司的边际成本都是10,没有固定的生产成本,即公司的成本函数为:

$$TC_1 = 10Q_1$$
$$TC_2 = 10Q_2$$

式中，选择变量 Q_1 和 Q_2 分别表示企业 1 和企业 2 选择的产出水平。

4.4.2 以正则形式表现博弈

假设有两个参与者，即公司 1 和公司 2。当企业 $i=1,2$ 时，任何非负的产出量都可以作为策略。各企业在策略组合 (Q_1, Q_2) 下的收益为：

$$\begin{cases} \pi(Q_1, Q_2) = PQ_1 - TC_1 = (90 - Q_1 - Q_2)Q_1 \\ \pi(Q_1, Q_2) = PQ_2 - TC_2 = (90 - Q_1 - Q_2)Q_2 \end{cases}$$

前面我们在囚徒困境博弈中使用了纳什均衡的方法。应用这个概念，我们推导出每个公司对其竞争对手潜在策略的最佳对策函数(也称为反应函数)，然后寻找对彼此都是最佳对策的策略组合。

在给定企业 2 产量水平 Q_2 的策略下，寻找企业 1 利润最大的策略。也就是说，企业 1 的最佳对策是选择使其利润最大化的策略 Q_1：

$$\pi_1(Q_1, Q_2) = (90 - Q_1 - Q_2)Q_1$$

对 Q_1 求一阶偏导数并保持 Q_2 为常数，令其为零，我们得到了企业 1 以 Q_2 表示的反应函数 $R_1(Q_2)$：

$$Q_1 = R_1(Q_2) = 45 - \frac{Q_2}{2}$$

同样，将类似的推理应用到企业 2，我们得到了它的反应函数 $R_2(Q_1)$：

$$Q_2 = R_2(Q_1) = 45 - \frac{Q_1}{2}$$

古诺-纳什均衡是两家企业的产出水平 (Q_1^C, Q_2^C) 的策略组合(上标 C 代表古诺竞争)，这样每家企业的策略是其对竞争对于计划的最佳响应。也就是说，

$$\begin{cases} Q_1^C = R_1(Q_2^C) = 45 - \frac{Q_2^C}{2} \\ Q_2^C = R_2(Q_1^C) = 45 - \frac{Q_1^C}{2} \end{cases}$$

在平衡时得到 $(Q_1^C, Q_2^C) = (30, 30)$。

然后在均衡时，市场产出水平为：

$$Q^C = Q_1^C + Q_2^C = 60$$

这意味着均衡价格水平为：

$$P^C = 100 - Q^C = 40$$

将这些结果代入收益函数：

$$\pi_1^C = \pi_2^C = 900$$

古诺-纳什均衡要求策略组合位于两家公司的反应曲线上。图 4.1 中只有一个点是两条反应曲线的交点。

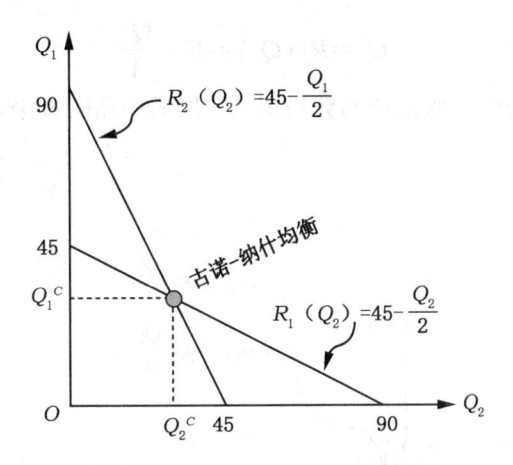

图 4.1 两家公司的古诺-纳什均衡

4.4.3 差异化产品古诺模型

大多数行业生产类似但不完全相同的产品。消费者也可以在众多不同的生产者中区分相似的产品,并把产品作为接近的替代品。同时,大多数生产差异化产品的产业也比较集中,例如,阿迪达斯和耐克、AMD 和英特尔、波音和空客、可口可乐和百事可乐等。这些产品虽不相同,但它们确实相互竞争。

在接下来的讨论中,我们考虑了企业 1 和企业 2 生产的差异化产品。对于这两家公司的产品,我们假设线性逆需求函数如下:

$$P_1 = 100 - Q_1 - \frac{Q_2}{2}$$

$$P_2 = 100 - Q_2 - \frac{Q_1}{2}$$

这些需求函数是现实的,假设一个产品的价格对其数量的变化比竞争产品的变化更敏感。例如,阿迪达斯和耐克都决定减少相似产品的数量,来提高运动鞋的价格。但是我们预计阿迪达斯运动鞋价格上涨更多是由于它的数量减少了。

假设这两家公司没有固定成本,它们的边际成本等于 10,即:

$$TC_1 = 10Q_1$$
$$TC_2 = 10Q_2$$

我们现在使用同之前一样的方法,从公司 1 对公司 2 的最佳对策开始选择策略 Q_1 来最大化其利润:

$$\pi_1(Q_1, Q_2) = P_1 Q_1 - 10 Q_1 = (90 - Q_1 - \frac{Q_2}{2}) Q_1$$

采用一阶条件(用 π_1 对 Q_1 求导等于零)得到公司 1 的反应函数:

$$Q_1 = R_1(Q_2) = 45 - \frac{Q_2}{4}$$

同理,公司 2 的反应函数为:

$$Q_2 = R_2(Q_1) = 45 - \frac{Q_1}{4}$$

从图 4.2 中可以看出,这些反应函数与图 4.1 同质产品的古诺竞争的反应函数相似,只是曲线更陡峭。

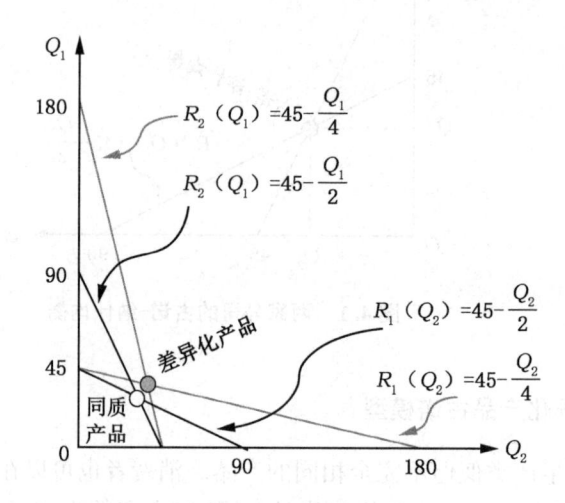

图 4.2　差异化产品的古诺模型

用对称性来解反应函数,可以得到:

$$Q_1^{CD} = Q_2^{CD} = 36, P_1^{CD} = P_2^{CD} = 46, \pi_1^{CD} = \pi_2^{CD} = 1\,296$$

式中,上标 CD 表示差异化产品的古诺平衡。

随着产品差异化程度的提高(对于企业 1 来说,其需求函数由生产相同产品的 $P_1 = 100 - Q_1 - Q_2$ 变为生产差异化产品的 $P_1 = 100 - Q_1 - Q_2/2$),个体和总产量均增加,利润均增加。虽然前面的分析是一个数值例子,但该特性可扩展到以下逆需求函数的使用:

$$P_1 = a - bQ_1 - cQ_2$$
$$P_2 = a - cQ_1 - bQ_2$$

当 c 收敛于 b 时,我们认为产品差异化程度更小。

对这个结果的结论是很直观的。随着产品的差异化越来越大,公司之间的竞争就变得不那么激烈了。这种减少的竞争解释了为什么在许多市场上的公司花费大量的钱来建立其品牌,并相信品牌会导致产品差异化、减轻竞争压力,以及增加利润。

4.5　寡头垄断价格竞争:伯特兰德模型

与古诺模型不同的是,这里的消费者更喜欢以最低的价格购买他们喜欢的产品。在这些市场中,公司的价格选择不仅会影响其利润,还会影响其对手的利润。这种情况被称为伯特兰德模型,该模型假定寡头的同时选择它们的单位价格以实现利润最大化。因此,这被解释为一种以价格为策略变量的游戏。

学习目标
描述假设同质和差异化产品的伯特兰德寡头垄断模型。

主要内容

要 点
- 在伯特兰德模型中,具有同质产品和相同的边际成本,企业收取的价格等于边际成本。因此,在价格上竞争就足以产生竞争结果,这被称为伯特兰德悖论。
- 在具有差异化产品的伯特兰德模型中,企业享有更多的市场权利,当产品变得更差异化时,企业的利润将增加。

重点名词
- 伯特兰德模型(Bertrand Model):假设寡头同时选择它们的单位价格以实现利润最大化,这一行为被解释为价格是策略变量的博弈。
- 同质产品(Homogeneous Product):无法与不同供应商的竞争产品区分开来。
- 差异化产品(Differentiated Products):指在外观、质量甚至地点上都有差异的产品(和服务)。

4.5.1 同质产品的伯特兰德模型

为了简单理解,我们假定两个公司有相同的不变的边际成本。

$$MC_1 = MC_2 = 10$$

市场需求函数由下式给出:

$$P = 100 - Q$$

从消费者的角度来看,这两家公司的价格之间的关系是由产品相同决定的。买家只会光顾提供较低价格的公司。如果出现平局,则所有公司均分市场需求。因此,根据公司1和公司2提供的价格 P_1 和 P_2,公司1的需求函数 $Q_1(P_1, P_2)$ 由下式给出,公司的需求关系如图4.3所示:

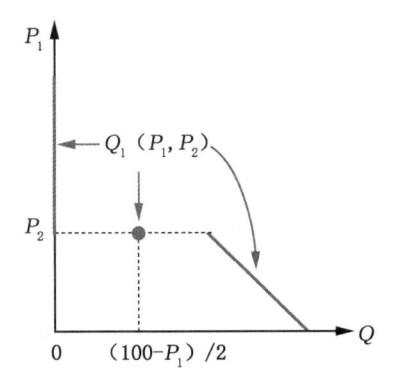

图 4.3 两家公司的需求公式

$$Q_1(P_1,P_2)=\begin{cases} 100-P_1 & 若\ P_1<P_2 \\ (100-P_1)/2 & 若\ P_1=P_2 \\ 0 & 若\ P_1>P_2 \end{cases}$$

通过类似的推理,我们可以推导出公司 2 的需求函数。

4.5.2 以正常形式表示游戏

有两个参与者,公司 1 和公司 2,任何非负价格都作为公司 $i=1,2$ 的策略。对应到策略配置 (P_1,P_2) 的公司收益为:

$$\pi_1(P_1,P_2)=(P_1-MC_1)\times Q_1(P_1,P_2)=\begin{cases} (100-P_1)(P_1-10) & 若\ P_1<P_2 \\ (100-P_1)(P_1-10)/2 & 若\ P_1=P_2 \\ 0 & 若\ P_1>P_2 \end{cases}$$

$$\pi_2(P_1,P_2)=(P_2-MC_2)\times Q_2(P_1,P_2)=\begin{cases} (100-P_2)(P_2-10) & 若\ P_2<P_1 \\ (100-P_2)(P_2-10)/2 & 若\ P_2=P_1 \\ 0 & 若\ P_2>P_1 \end{cases}$$

使用类似的程序来解决古诺案例,我们推导出企业的反应函数。对于公司 1,它的最佳反应是收取 P_1,一个略低于公司 2 的价格,以吸引所有消费者并使其利润最大化。请注意,如果 $P_2=10$,那么公司 1 将设置 $P_1=10$,因为削弱公司 2 确实吸引了所有消费者,但会产生负利润,如其利润函数所示,如果 P_2 小于 10,那么公司 1 将设置 $P_1=10$;否则,又会造成损失。因此,公司 1 的反应函数由下式给出:

$$R_1(P_2)=\begin{cases} 10 & 若\ P_2<10 \\ 10 & 若\ P_2=10 \\ P_2-\varepsilon & 若\ P_2>10 \end{cases}$$

式中,ε 表示最小值。

通过类似的推理,我们可以推导出企业 2 的反应函数。这两个反应函数叠加在图 4.4 中,这表明伯特兰德-纳什均衡为:

$$P_1^B=P_2^B=10$$

式中,上标 B 表示伯特兰德竞争均衡。

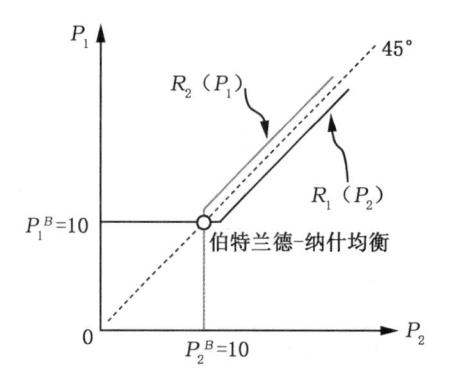

图 4.4 同质品的伯特兰德-纳什均衡

然后我们得出以下均衡结果,其特征为：
$$Q_1^B = Q_2^B = Q^B/2 = (100-10)/2 = 45$$
$$\pi_1^B = \pi_2^B = 45 \times (10-10)/2 = 0$$

从结果可以看出,上面的均衡是两个企业之间的竞争以利润完全耗散为结束(即 $\pi_1^B = \pi_2^B = 0$,因此行业利润为零)。寡头垄断者的市场力量(即 $P_1^B = P_2^B = MC = 10$)被消除。这两个结果是"伯特兰德悖论"的基础。这个结果背后的直觉很清楚。竞争企业不能收取高于边际成本 10 的价格,因为它们可以通过稍微降低价格来获得更高的利润。

4.5.3 差异化产品的伯特兰德模型

在许多市场上,相互竞争的产品并不相同。以中型家用汽车厂商如丰田的凯美瑞和本田的雅阁为例,这两个产品虽不相同,但它们确实相互竞争。一些家庭更喜欢雅阁而不是凯美瑞,即使雅阁的价格高于凯美瑞。不过,我们预计,随着本田提高雅阁的价格,消费者对雅阁的需求会下降,最终将购买凯美瑞。下一个问题是在伯特兰德模型竞争中产品有差异化带来的含义。

我们保持伯特兰德模型的其余假设不变(两家公司,同时选择,恒定且相同的边际成本＝10,价格竞争),但现在我们需要考虑公司 1 和公司 2 分别将面临如下不同产品的古诺模型的逆需求函数：

$$P_1 = 100 - Q_1 - \frac{Q_2}{2}$$
$$P_2 = 100 - Q_2 - \frac{Q_1}{2}$$

为了找到以产品价格表示的需求函数,我们将上述两个逆需求函数重新表述为直接需求函数：

$$Q_1(P_1, P_2) = \frac{200}{3} - \frac{4}{3}P_1 + \frac{2}{3}P_2$$
$$Q_2(P_1, P_2) = \frac{200}{3} - \frac{4}{3}P_2 + \frac{2}{3}P_1$$

对于公司 1,它的需求函数取决于它的价格和竞争对手的价格水平。同时,当公司 1 提高价格时 P_1 的增加会导致对其产品 Q_1 的需求减少;而当公司 2 收取更高的价格时,P_2 的增加将导致对公司 1 的产品 Q_1 的需求增加。对于公司 2,我们得到了类似的结果。注意,在本章中,我们都假设产品是替代品。

4.5.4 以正则形式表现博弈

假设有两个参与者,即企业 1 和企业 2,任何非负价格水平都可以作为公司 $i=1,2$ 的策略。企业 1 和企业 2 在策略组合 (P_1, P_2) 下的收益为：

$$\begin{cases} \pi_1(P_1, P_2) = (P_1 - 10) \times Q_1(P_1, P_2) = (P_1 - 10)\left(\frac{200}{3} - \frac{4}{3}P_1 + \frac{2}{3}P_2\right) \\ \pi_2(P_1, P_2) = (P_2 - 10) \times Q_2(P_1, P_2) = (P_2 - 10)\left(\frac{200}{3} - \frac{4}{3}P_2 + \frac{2}{3}P_1\right) \end{cases}$$

按照获得古诺竞争纳什均衡的相同步骤,我们首先推导出每个企业对其竞争对手的可能策略的反应函数。然后我们寻找对彼此来说都是最佳对策的策略组合。

给定企业 2 的价格水平为 P_2 的策略,我们寻找对企业 1 产生最大利润的策略;也就是说,公司 1 的最佳对策是选择策略 P_1 来最大化其利润:

$$\pi_1(P_1, P_2) = (P_1 - 10)\left(\frac{200}{3} - \frac{4}{3}P_1 + \frac{2}{3}P_2\right)$$

对 P_1 求一阶偏导数,保持 P_2 为常数,令 P_2 为零,我们得到企业 1 以 P_2 表示的反应函数 $R_1(P_2)$:

$$P_1 = R_1(P_2) = 30 + \frac{P_2}{4}$$

用同样的方法,把类似的推理应用到企业 2 上,我们得到了它的反应函数 $R_2(P_1)$:

$$P_2 = R_2(P_1) = 30 + \frac{P_1}{4}$$

产品差异化的伯特兰德-纳什均衡是两家公司的产出水平 (P_1^{BD}, P_2^{BD}) 的战略分布(这里的上标 BD 表示产品差异化的伯特兰模型),它使每家公司的策略都是其对竞争对手策略的最佳反应,即:

$$\begin{cases} P_1^{BD} = R_1(P_2^{BD}) = 30 + \dfrac{P_2^{BD}}{4} \\ P_2^{BD} = R_2(P_1^{BD}) = 30 + \dfrac{P_1^{BD}}{4} \end{cases}$$

在平衡时得到 $(P_1^{BD}, P_2^{BD}) = (40, 40)$。

可以用图 4.5 中这两条反应曲线的交点来表示这个双寡头博弈的产品差异化的伯特兰德-纳什均衡。

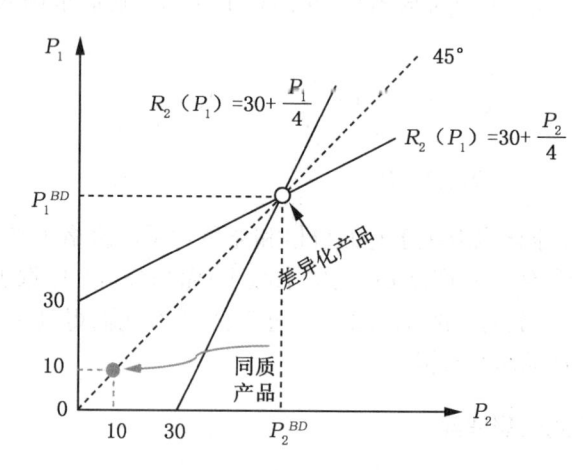

图 4.5　产品差异化的伯特兰-纳什均衡

然后在均衡时,两家公司的产品都是 $Q_1^{BD} = Q_1^{BD} = 40$。

将这些结果代入收益函数中,即 $\pi_1^{BD} = \pi_2^{BD} = 1\,200 > 0$。

注意,现在的价格水平高于边际成本,企业变得比同质产品的伯特兰德均衡中更有利可图。这一结果表明,产品差异化通过放松价格竞争增强了竞争价格的企业的市场势力。

4.6 寡头垄断间的比较与垄断、寡头垄断和完全竞争间的比较

在上述两种经典的寡头垄断模型中,我们首先观察到由于市场势力的作用,其结果不同于垄断或完全竞争。我们还观察了古诺(数量)模型和伯特兰德(价格)模型内同质性和差异化产品之间竞争的显著差异。在本节的其余部分中,我们将以分析和图形的方式改进这些观察结果。

学习目标

比较寡头垄断、垄断和完全竞争。

主要内容

要　点
- 对于同质产品,古诺竞争比伯特兰德竞争下的价格更高、数量更少、利润更高。
- 相比古诺竞争,伯特兰德的竞争总是导致更低的价格、更多的数量和更低的利润。因此,作为策略变量的价格比作为策略变量的数量能够实现更具竞争力的均衡。
- 可替代产品差异化越大,古诺和伯特兰德之间的价格、数量和利润差异就越小。

重点名词
- 同质产品(Homogeneous Product):无法与不同供应商的竞争产品区分开来。
- 差异化产品(Differentiated Products):指在外观、质量甚至地点上都有差异的产品(和服务)。
- 卡特尔(Cartel):是一群独立的市场参与者,他们相互勾结,以提高自己的利润和主导市场。

4.6.1 同质产品

如我们在同质产品市场中所示的需求函数:
$$P = 100 - Q$$
假设一个公司无固定成本,边际成本恒为10。上述两种寡头垄断模型在公司利润、消费者盈余和总盈余方面表现出不同的均衡结果。总盈余是公司利润和公司客户的消费者盈余之和。消费者盈余被定义为消费者给购买的商品的标注价值与支付该商品所需的价格之间的差额。它衡量买方从交易中获得的价值。如果需求曲线向下倾斜,消费者盈余就是图4.6中阴影部分。

经过代数运算,我们得到消费者盈余如下:
$$S = \frac{1}{2} \times (100 - P_E) \times Q_E = \frac{1}{2} \times [100 - (100 - Q_E)] \times Q_E = \frac{1}{2} Q_E^2$$
式中,E 代表均衡处对应的价格与产量。

这个公式在同质化产品的伯特兰德和古诺竞争模型中用来计算消费者盈余是直观的。因此,我们得出:

价格

P_1

消费者剩余（阴影三角）

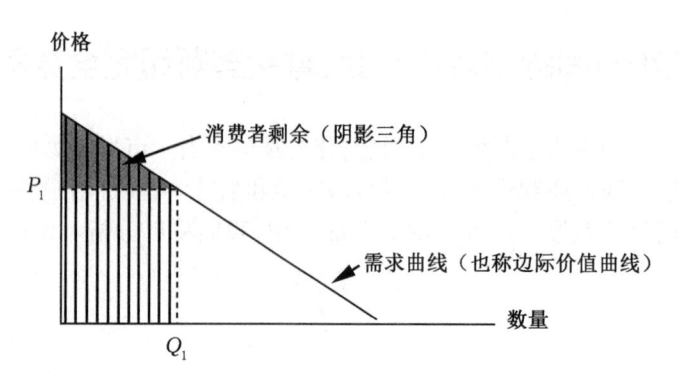

需求曲线（也称边际价值曲线）

Q_1

数量

注意：消费者剩余在需求曲线之下价格之上的区域。

图 4.6　需求曲线上的消费者盈余

$$S^C = \frac{1}{2} \times (30+30)^2 = 1\,800$$

和

$$S^B = \frac{1}{2} \times (45+45)^2 = 4\,050$$

上述计算给出了古诺和伯特兰德寡头垄断模型（同质产品）下的结果。这些值在表 4.2 中给出，并在图 4.7 中描述。接下来，我们转向完全竞争市场并且计算均衡时的市场价格、市场产量、企业利润、消费者盈余和总盈余的相应值。回想一下，在完全竞争市场中，企业通过生产使得边际成本等于市场价格的产量来最大化其利润。也就是说，将 $P^{PC}=10$ 代入，由此得出市场产出为：

$$Q^{PC} = 100 - P^{PC} = 90$$

式中，上标 PC 为完全竞争的均衡，很容易证明企业利润和消费者盈余为：

$$\pi^{PC} = P^{PC} \times Q^{PC} - 10 \times Q^{PC} = 0, S^{PC} = \frac{1}{2} \times 90^2 = 4\,050$$

现在假设一个垄断者控制着同一行业，那么一个利润最大化的垄断者会设定什么样的价格和产量？正如我们在前文所演示的，企业将在全行业边际收入等于边际成本的情况下设置产量。也就是说，

$$MR^M = \frac{dTR^M}{dQ} = \frac{d}{dQ}(P \times Q) = \frac{d}{dQ}[(100-Q) \times Q] = 100 - 2Q = MC^M = 10$$

式中，TR 和上标 M 分别表示总收入和垄断均衡。因此，我们有市场产量水平，即：

$$Q^M = 45$$

这意味着垄断市场的价格水平为：

$$P^M = 100 - 45 = 55$$

将以上两个值代入公司的利润和消费者盈余函数，我们得到：

$$\pi^M = (P^M - 10) \times Q^M = 2\,025, S^M = \frac{1}{2} \times 45^2 = 1\,012.5$$

从表 4.2 中，我们可以看到，作为垄断者将获得最显著的利润，而最低的利润产生于伯特兰德竞争或完全竞争。因此，我们得出：

$$\pi^M > \pi^C > \pi^B = \pi^{PC}$$

表 4.2　　　　　　　　　　　　　同质产品市场的均衡结果

项　目	古　诺	伯特兰	垄　断	完全竞争
价　格	40	10	55	10
产　出	60	90	45	90
利　润(π)	1 800	0	2 025	0
消费者盈余(S)	1 800	4 050	1 012.5	4 050
总盈余($TS=\pi+S$)	3 600	4 050	3 037.5	4 050

以消费者盈余排序,伯特兰德竞争和完全竞争排名最高。在所有这些市场结构中,垄断者有权收取最高的价格,并以最低水平产出。因此,垄断市场的消费者盈余最低。古诺竞争中的消费者盈余少于伯特兰德竞争。简而言之,如图 4.7 所示,我们得出:

$$S^{PC} = S^B > S^C > S^M$$

最后,按总盈余排序,我们可以得到与按消费者剩余排序相同的排序:

$$TS^{PC} = TS^B > TS^C > TS^M$$

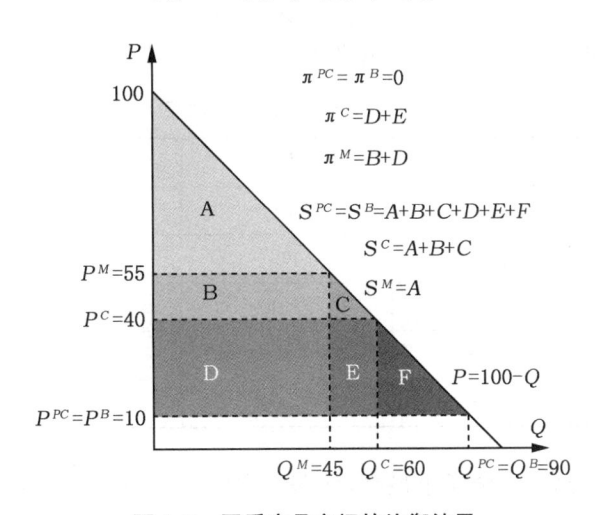

图 4.7　同质产品市场的均衡结果

此外,人们发现在古诺市场经营的公司比在伯特兰德市场竞争的公司生产更少,但收取了更高的价格,并获得了更高的利润。这一结果背后的解释在 Vives(1985)中给出:在古诺市场结构下,每个公司都会保持低产量,因为它知道数量扩张会导致价格下降,降低利润。然而,伯特兰德市场中的每一个竞争对手都知道数量扩张不会导致价格下降,因为其对手保持价格不变。鉴于此,古诺的竞争对手比伯特兰德的竞争对手生产得少,从而收取更高的价格,获得更大的利润。

4.6.2　差异化产品

我们很自然会问,如果我们允许产品差异化,那么上述结果是否仍然成立?差异化产品市场的累计市场需求可以改写为：

$$P = 100 - \frac{3}{4}Q$$

没有固定成本和边际成本始终为 10 的企业成本函数。我们首先需要根据消费者盈余的定义，得到相应的值：

$$S^D = \frac{1}{2}Q_E \times (100 - P_E) = \frac{1}{2}Q_E \times (100 - 100 + \frac{3}{4}Q_E) = \frac{3}{8}Q_E^2$$

式中，上标 D 为差异化产品市场。

然后，代入均衡时古诺和伯特兰竞争的相关产出水平，我们得到：

$$S^{CD} = \frac{3}{8}(36+36)^2 = 1\,944, S^{BD} = \frac{3}{8}(40+40)^2 = 2\,400$$

结合其他均衡结果，总结在表 4.3 中。

正如我们在前一小节中所做的，几行计算分别给出了相应的垄断和完全竞争结果。这些值如表 4.3 所示，并在图 4.8 中描述。

从表 4.3 中，我们再次看到垄断者将获得最显著的利润。然而，差异化产品的伯特兰德竞争产生了正利润。因此，我们得出：

$$\pi^{MD} > \pi^{CD} > \pi^{BD} > \pi^{PCD}$$

式中，上标 MD 为垄断均衡，PCD 为差异化产品市场的完全竞争均衡。

表 4.3　　　　　　　　　　　　差异化产品市场的均衡结果

项目	古诺	伯特兰	垄断	完全竞争
价　格	46	40	55	10
产　出	72	80	60	120
利润(π)	2 592	2 400	2 700	0
消费者盈余(S)	1 944	2 400	1 350	5 400
总盈余($TS = \pi + S$)	4 536	4 800	4 050	5 400

按照消费者盈余排名，完全竞争最高，而垄断提供的消费者盈余最低。此外，古诺竞争比伯特兰德竞争导致了更低的消费者盈余。简而言之，我们得出：

$$S^{PCD} > S^{BD} > S^{CD} > S^{MD}$$

最后，按总盈余排序，我们可以得到与按消费者盈余相同的排序：

$$TS^{PCD} > TS^{BD} > TS^{CD} > TS^{MD}$$

上述结果表明，在差异化产品市场中，与古诺竞争相比，伯特兰德竞争下的企业报价更低，并能生产更多的产品，获得更高的利润。

改变产品差异化程度会如何影响两个寡头竞争对手在价格、产量和利润方面的差异呢？这个问题的答案很简单。对比以上图表，我们发现替代产品差异性越大，两种市场结构之间的差异就越小。

适当的建模选择取决于具体情况。当数量变化比价格变化更具挑战性时，数量竞争似乎是更合适的选择，例如中国春节期间的车票价格竞争。此外，当价格变化比数量更难改变

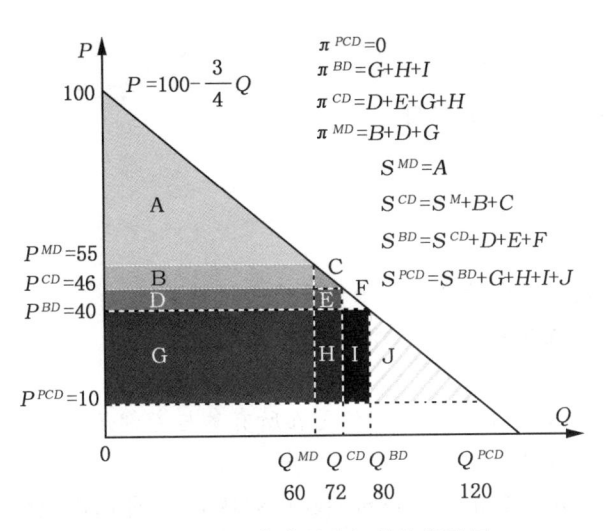

图 4.8 差异化产品市场的均衡结果

时,价格竞争可能更合适,例如 IMAX 电影的价格在很长一段时间内保持不变,大多数电影院在数量上相互竞争。

4.6.3 勾　结

如前所述,垄断者享有最高水平的利润。古诺或伯特兰德的竞争者会有动机串通以获得更高的利润。(如果不受监管)某一行业的公司有动机配合形成卡特尔——寡头之间相互勾结以提高垄断利润的正式协议。从表 4.2 和表 4.3 可以看出,在寡头垄断的市场结构下,企业通过合谋获得垄断利润比通过竞争能获得更多的收益。

卡特尔最著名的例子是石油输出国组织(OPEC)。OPEC 自 20 世纪 70 年代中期开始限制石油开采数量,导致油价大幅上涨,使其成员国的收入和财富大幅增加。

参考文献/拓展阅读

[1] Mankiw N G(2020), *Principles of Economics 9th ed*, Cengage Learning, pp. 335－356.

[2] Png I(2016), *Managerial Economics 5th ed*, Routledge, pp. 249－276.

[3] Belleflamme P and Peitz M(2015), *Industrial Organization: Markets and Strategies 2nd Edition*, Cambridge University Press.

[4] Church J R and Ware R(2000), *Industrial Organization: A Strategic Approach*, McGraw-Hill.

[5] Pepall L, Richards D and Norman G(2014), *Industrial Organization: Contemporary Theory and Empirical Applications 5th Edition*, Wiley.

4.7　博弈论在金融科技中的应用

博弈论在金融科技的商业模式和基础技术方面得到了广泛的应用。博弈论的概念和方法是激励参与者在金融科技相关活动和互动中表现良好的解决方案的基础。

学习目标

理解博弈论在金融科技中的应用。

主要内容

要　点
- 博弈论可以改进新开发的包含金融科技的金融模型。
- 博弈论为金融科技提供了基本的激励设计思维。

主要术语
- 机制设计(Mechanism Design)：指的是在所有参与者都是理性的情况下，为预期结果设计的机制或激励措施。
- 反向博弈论(Reverse Game Theory)：反向的博弈论，即从游戏的结尾开始，然后反向运行。

金融科技(Fintech)是指应用创新技术改变传统金融服务。博弈论的概念和方法有助于建立数学机制，以实现金融科技的最优策略和设计。

对于创新的商业模式，博弈论可以发展可靠的机制，改善整体设计。P2P 网络借贷作为一种新型的互联网金融模式，就是一个典型的例子。P2P 网络方便收集小额闲置资金，为企业匹配资金需求，在网上多方建立借贷关系。然而，P2P 借贷在实际金融活动中的违约和欺诈操作等风险是非常令人担忧的(Martina and Miroslav, 2016)。为了减少不当行为，可以引入博弈论，在保险和监管的支持下改进商业模式(Zhong, 2018)。

区块链技术可以改善现有的金融网络，博弈论提供了区块链设计的激励机制。在传统金融领域，信任可能是金融参与者中缺失的一个组成部分，金融交易中也缺乏一种透明度。由于定期审计，传统模式效率低下，还会产生成本。区块链技术的使用将使信任与传统银行功能相结合。因此，审计是不必要的，所有记录都会被安全存储，是不可变的和可跟踪的。

为了更好地理解博弈论是如何附加区块链技术的，我们首先将区块链描述为一个分布式公共数据记录账本，并通过使用 P2P 网络来实现多个节点之间的共识。具体来说，数据被记录在一个区块链中，带有更新数据的新区块将被附加到"矿工"的主链中。然而，恶意节点仍然可能发起攻击并破坏分散的区块链系统。博弈论可用于分析节点之间的共识和相互作用，从而提供对"采矿"行为的预测，允许使用均衡分析获得最优反应(Liu, 2019)。更重要的是，博弈论可以利用机制设计的思想(也称为反向博弈论)，帮助开发激励机制，以阻止恶意节点的不当行为。总的来说，博弈论有助于改善区块链的基本结构、工作流程并激励兼容机制。

参考文献/拓展阅读

[1] Liu Z, et al(2019), A Survey on Applications of Game Theory in Blockchain, Retrieved from https://arxiv.org/pdf/1902.10865.pdf.

[2] Martina Pokorná and Miroslav Sponer(2016), Social Lending and Its Risks, Procedia-Social——and Behavioral Sciences. Retrieved from https://www.sciencedirect.com/science/article/pii/S1877042816306073.

[3]Zhong L(2018),The Game Strategy of Sustainable Development of P2P Internet Loan,International Journal of Engineering and Applied Sciences,Retrieved from https://www. ijeas. org/download_data/IJEAS0504010. pdf.

练习题

习题1

考虑下表中以正则形式表示的游戏。每个格子提供每种情况下的收益。每个格子中第一个数字是公司1的收益,第二个数字是公司2的收益。在这个博弈中,如果两家公司都设定较高的价格,则各自赚36美元;而如果两家公司都设定较低的价格,则各自只赚32美元。但如果一方的价格高,另一方的价格低,那么价格高的一方赚30美元,而另一方赚40美元。

博弈策略		公司2	
		高价	低价
公司1	高价	36,36	30,40
	低价	40,30	32,32

这个博弈的纳什均衡是(　　)。
A. {高价,高价}　　　　　　B. {高价,低价}　　　　　　C. {低价,低价}

习题2

你是两家相同口罩生产企业之一的经理。两家企业生产相同的商品,面临相同的生产成本,由以下成本函数描述:总成本$=4Q$,其中Q是单个企业的产出。口罩的市场需求可以用$P=130-2Q$来描述,其中$Q=Q_1+Q_2$,其中Q_1是你的输出,Q_2是你的竞争对手的输出。如果竞争是古诺,那么你会选择(　　)产出水平来最大化你的利润。
A. 15.75　　　　　　B. 21　　　　　　C. 31.5

习题3

回到习题2,均衡时的消费者剩余为(　　)。
A. 441　　　　　　B. 1 764　　　　　　C. 3 969

习题4

假设一个大学社区有两家奶茶店,店主是爱丽丝和鲍勃。市场需求由需求逆函数$P=50-0.1Q$描述。每个商店的单位生产成本为2。如果竞争是古诺,那么鲍勃在古诺-纳什均衡下的价格是(　　)。
A. 18　　　　　　B. 22　　　　　　C. 26

习题5

回到习题4,均衡时的总盈余是(　　)。
A. 10 240　　　　　　B. 11 520　　　　　　C. 15 360

习题6

假设两个圆珠笔供应商1和供应商2销售差异化的产品,将面临如下需求曲线:
$$Q_1=24-5P_1+2P_2 \text{ 且 } Q_2=24-5P_2+2P_1$$

供应商有相等且恒定的边际成本 $c=0$,并且只在价格上竞争一次。那么,圆珠笔市场的均衡价格为(   )。

A. 0   B. 3   C. 4

习题 7

回到习题 6,圆珠笔供应商 2 的产量水平是(   )。

A. 12   B. 15   C. 24

习题 8

假设两家公司在一个需求由 $P=260-2Q$ 描述的市场上进行数量(古诺)竞争,并且每家公司的边际成本恒定为 20。如果两家公司合谋生产垄断产品并平均分配市场需求,那么它们各自能获得(   )利润。

A. 3 600   B. 4 200   C. 5 400

习题 9

Singtel、Mobile One 和 Starhub 是新加坡目前仅有的三家提供移动服务的公司。新加坡电信占据主导地位,市场份额超过 80%。Singtel 还提供包括移动、WiFi 服务和电影套餐在内的打包服务,这些服务可以转换为手机合同,与独立合同相比,可以享受 10% 的折扣。对新加坡电信业最好的描述是(   )。

A. 寡头垄断   B. 完全竞争   C. 垄断

参考答案

习题 1

答案:选项 C 正确。

如果公司 2 选择{高价},那么公司 1 的最佳对策是选择{低价},因为 40>36;如果公司 2 选择{低价},那么公司 1 的最佳对策是选择{低价},因为 32>30。同样,如果公司 1 选择{高价},那么公司 2 的最佳对策是在 40>36 下选择{低价};如果公司 1 选择{低价},那么公司 1 的最佳对策是在 32>30 下选择{低价}。因此,策略轮廓{低价,低价}是纳什均衡。

习题 2

答案:选项 B 正确。

首先,将公司 1 的利润最大化问题记为:

$$\pi(Q_1,Q_2)=[130-2(Q_1+Q_2)-4]\times Q_1$$

然后,对 Q_1 求导,得到公司 1 的反应函数:

$$R_1(Q_2)=\frac{1}{2}(63-Q_2)$$

同样,公司 2 的反应函数为:

$$R_2(Q_1)=\frac{1}{2}(63-Q_1)$$

因此,你的利润最大化时产出水平为:

$$Q_1=\frac{1}{2}(63-Q_1),即 Q_1=21$$

习题 3

答案:选项 B 正确。

根据习题 2,我们知道全行业的产量水平等于 42。然后使用消费者盈余公式 $S = \frac{1}{2}Q \times [130-(130-2Q)] = Q^2$,得到 $S = 42^2 = 1\,764$。

习题 4

答案:选项 A 正确。

首先,将爱丽丝的利润最大化问题记为:
$$\pi_A(Q_A, Q_A) = [50-0.1(Q_A+Q_B)-2] \times Q_A$$

然后,对 Q_A 求导,得到爱丽丝的反应函数:
$$R_A(Q_B) = 240 - \frac{1}{2}Q_B$$

类似地,鲍勃的反应函数为:
$$R_B(Q_A) = 240 - \frac{1}{2}Q_A$$

因此,爱丽丝和鲍勃在利润最大化时要生产的数量为:
$$Q_A = Q_B = 160$$

这意味着爱丽丝和鲍勃奶茶的价格是一样的,即:
$$P_A = P_B = 18$$

习题 5

答案:选项 C 正确。

回忆一下,总剩余是消费者剩余和行业利润的总和,其中消费者盈余为:
$$S = \frac{1}{2}Q[50-(50-0.1Q)] = 0.05Q^2 = 0.05 \times 320^2 = 5\,120$$

行业利润为:
$$\pi = 2 \times (P-MC) \times Q = 2 \times (18-2) \times 320 = 10\,240$$

因此,总盈余等于 15 360。

习题 6

答案:选项 B 正确。

首先,将供应商 1 的利润最大化问题记为:
$$\pi_1(P_1, P_2) = (P_1-0) \times (24-5P_1+2P_2)$$

然后,对 P_1 求导,得到供应商 1 的反应函数为:
$$R_1(P_2) = 2.4 + 0.2P_2$$

同样,供应商 2 的反应函数为:
$$R_2(P_1) = 24 + 0.2P_1$$

因此,两家供应商都能通过收费来实现利润最大化,即:
$$P_1 = P_2 = 3$$

习题 7

答案:选项 B 正确。

根据均衡时的价格水平,我们得出:

$$Q_2 = 24 - 5 \times 3 + 2 \times 3 = 15$$

习题8

答案：选项 A 正确。

如果公司同意卡特尔的安排，则他们将作为垄断者，平均分享垄断利润，即：
$$\pi^M = (P^M - MC) \times Q^M = (240 - 2Q^M) \times Q^M$$

其中，$Q^M = 60$ 时垄断利润最大化。

因此，每家公司的利润为：
$$\pi = \frac{1}{2}\pi^M = \frac{1}{2}(240 - 2 \times 60) \times 60 = 3\,600$$

习题9

答案：选项 A 正确。

新加坡电信是一家寡头企业。合同客户的数量将受到两个竞争对手战略的影响。一揽子交易是一种产品差异化和价格竞争的尝试。

第二部分

宏观经济学

第5章 总产出、价格与经济增长

5.1 产出的衡量

国内生产总值(GDP)是一个国家在一定时期内生产的所有最终产品和服务的市场价值。我们也将国内生产总值作为一种比较工具。

学习目标

区分评估 GDP 的收入法和支出法,并解释我们如何计算 GDP。

主要内容

要　点
- 支出法用 $Y=C+I+G+(X-M)$ 来衡量 GDP。
- 收入法通过加总国民收入,并对折旧、税收和补贴进行调整来衡量 GDP。
- 对于整个经济体来说,收入必须等于支出。

重点名词
- 均衡(Equilibrium):指市场上的供应量等于需求量的情况。

国内生产总值是一个国家在特定时期内生产的所有最终产品和服务的市场价值。国内生产总值同时衡量两件事:经济中每个人的总收入;经济中产出的产品和服务的总支出。对于一整个经济来说,收入必须等于支出,就像在任何交易中,买方的花费和卖方的支付都是一样的。图 5.1 为产品和服务、生产要素、消费支出和工资、租金和股息的流动示意图。

5.1.1 分析支出

在一个简单的经济体中,主要的经济主体是家庭和企业。为了简单起见,我们假设家庭从企业处购买所有的商品和服务。当家庭从企业处购买商品和服务时,这些支出通过商品和服务的市场来流动。企业从商品和服务的销售中获得资金,以支付工人的工资、地租和所有者的利润。这些收入通过生产要素的市场流动。因此,GDP 衡量了这类资金的流动。

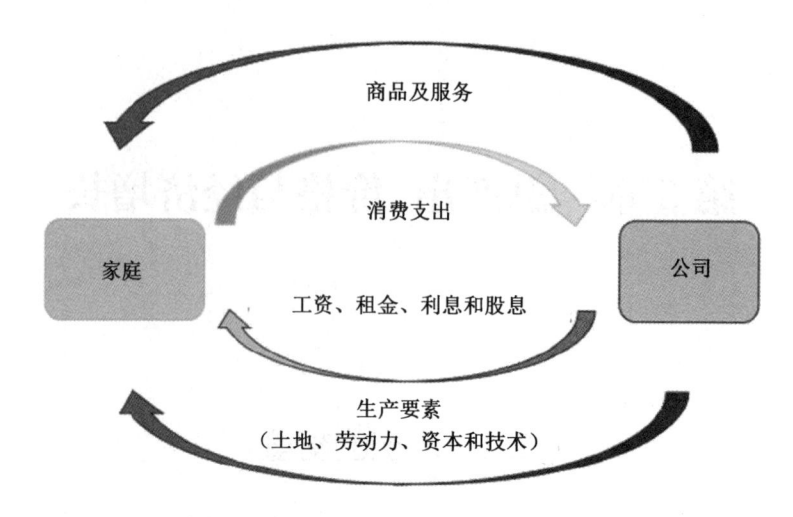

图 5.1 封闭经济中的流动

支出法试图通过评估一个经济体中购买的所有最终产品和服务的总和来计算 GDP。GDP 用"Y"来表示，分为四个部分：消费(C)、投资(I)、政府购买(G)和净出口($X-M$)。

即：$Y=C+I+G+(X-M)$

"消费(C)"是家庭在商品和服务上的支出。商品包括耐用品（如汽车）和非耐用品（如食品和衣服）。服务包括医疗和教育。消费通常是经济中 GDP 最重要的组成部分。

"投资(I)"是购买被用来生产更多商品和服务的商品（称为资本货物）。投资是商业资本购买（如工厂、办公大楼和设备）、住宅资本（住房出租和自住）和存货的总和。对 GDP 的"投资"并不意味着购买金融产品。购买金融产品被归类为"储蓄"，而不是投资。

"政府购买(G)"是政府在最终商品和服务上的支出。它包括政府工作人员的工资、军队购买的武器以及政府投资支出。社会保障、失业救济等转移支付不被计入政府购买；因为 GDP 的目的是衡量商品和服务生产的收入或支出。由于转移支付确实改变了收入，因此，当这些支付被支出时，它们被记入"C"。

"净出口($X-M$)"代表出口减去进口。它意味着国外购买的国内生产的商品减去国内购买的外国商品。我们需要减去 M，因为其他组成部分"G""I"或"C"，包括了商品和服务的进口，所以要扣除进口以避免把外国供应算作国内供应。

在支出法中，我们可以通过加总所有最终产品和服务的价值来计算 GDP；也可以通过将每个生产和分配阶段创造的价值相加来计算 GDP。第二种方法被称为"增加值之和"。下面我们给出一个木制咖啡桌的计算作为例子（见表 5.1）。

表 5.1　　　　　　　　　　木制咖啡桌的计算示例

生产阶段	销售价值（美元）	增加值（美元）
原材料（加工过的木材）	200	200
制造（切割、打磨、组装、喷漆、包装）	450	250
零售（分销、展示和交付）	600	150
增加值之和	—	600

这个例子表明，最终木桌的价格等于每个生产阶段（采伐和加工原木、制造桌子以及将桌子交付给消费者）的增加值之和。

5.1.2 名义 GDP、实际 GDP 和 GDP 缩减指数

GDP 衡量的是经济中所有市场的商品和服务的总支出。如果总支出逐年增加，则至少有两件事发生：(1)经济中产生更多的产出或者(2)商品和服务以更高的价格出售。当我们研究经济时，我们想除去价格的影响，就需要研究经济中所生产的商品和服务的数量。在支出法下，名义 GDP 是一个经济体以当前市场价格计价而生产的所有商品和服务的总价值。对于一个有 N 种不同商品和服务的经济体，我们可以将名义 GDP 表示为：

$$名义\ GDP_t = \sum_{i=1}^{N} (t\ 时刻\ i\ 物品的价格) \times (t\ 时刻\ i\ 物品的数量)$$

按照当前的价格计算，即使商品和服务的实际产出在一年中保持不变，通货膨胀也会增加名义 GDP。如果使用基准年的价格计算，则实际 GDP 可以衡量经济在恒定价格下的产出，通货膨胀不会被算作经济增长。

假设基准年的价格是 x 年前的价格，那么我们可以计算出实际 GDP 为：

$$实际\ GDP_t = \sum_{i=1}^{N} P_{i,t-x} Q_{i,t}$$

GDP 缩减指数衡量当前价格相对于基准年的价格。我们可以计算出 GDP 缩减指数。即：

$$GDP\ 缩减指数 = \frac{\sum_{i=1}^{N} P_{i,t} Q_{i,t}}{\sum_{i=1}^{N} P_{i,t-x} Q_{i,t}} = \frac{当年名义\ GDP}{x\ 年前物价基准计算的产出价值（当年实际\ GDP）} \times 100$$

【示例 1】

考虑一个简单的两类商品市场，如表 5.2 所示。

表 5.2　　　　　　　　　　　　　　两类商品市场价格和数量

年 份	比萨的价格（美元）	比萨的数量（份）	无人机的价格（美元）	无人机的数量（架）
2018	4	100	8	50
2019	5	150	9	100
2020	6	200	10	150

名义 GDP 的计算如表 5.3 所示。

表 5.3　　　　　　　　　　　　　　计算名义 GDP

年 份	第 t 年的 GDP=（价格×数量）_{比萨}＋（价格×数量）_{无人机}
2018	4×100＋8×50＝800
2019	5×150＋9×100＝1 650
2020	6×200＋10×150＝2 700

用 2018 年的价格计算 GDP,如表 5.4 所示。

表 5.4 　　　　　　　　　　　计算 GDP

年　份	第 t 年的 GDP＝(价格$_{2018}$×数量)$_{比萨}$＋(价格$_{2018}$×数量)$_{无人机}$
2018	4×100＋8×50＝800
2019	4×150＋8×100＝1 400
2020	4×200＋8×150＝2 000

GDP 缩减指数的计算如表 5.5 所示。

表 5.5 　　　　　　　　　　计算 GDP 缩减指数

年　份	$\dfrac{第 t 年的名义 GDP}{以第 t-x 年价格计算的第 t 年的产出价值}×100$
2018	100
2019	(1 650/1 400)×100＝117.9
2020	(2 700/2 000)×100＝135.0

5.1.3　收入法

收入法用每个机构部门从国内商品和服务生产中可以获得的收入的总和来估计 GDP。在新加坡,用收入法估计的 GDP 及其主要组成部分包括工人的报酬,来自金融公司、非金融公司和非公司企业(包括业主自用住房的估算租金、非营利机构)的总盈余,还包括生产税(如工人税、进口税和消费税、商业登记费、印花税以及企业和家庭向政府支付的财产税)。①

此外,其他可以更好了解经济运行情况的指标包括国民收入、个人收入和可支配个人收入。

国民收入是一个国家的居民在商品和服务生产中所获得的总收入。

个人收入是家庭和非公司企业获得的收入。个人收入与国民收入的不同之处在于,公司的留存收益、间接商业税、公司所得税和社会保险缴款被排除在外。另外,家庭从持有政府债务中获得的利息收入和从政府转移中获得的收入被包括在内。

个人可支配收入(PDI)是家庭和非公司企业在履行所有政府义务后剩下的收入。它等于个人收入减去个人税收和某些非税收支付(如交通罚款)。PDI 衡量家庭可用于储蓄或花在商品和服务上的金额,是衡量消费者消费和储蓄能力的一个重要经济指标。

5.1.4　储蓄、投资、财政平衡和贸易平衡之间的关系

私人储蓄与投资、政府和对外贸易有关。这种关系结合了衡量 GDP 的收入法和支出法。

基于总支出,GDP 等于 $C+I+G+(X-M)$。基于总收入,GDP(收入)最终从家庭角

---

① Singapore Department of Statistics(2020), The Income Approach To Gross Domestic Product, https://www.singstat.gov.sg/－/media/files/publications/economy/gdi.pdf.

度考虑,家庭将其用于消费、储蓄和政府税收。因此,GDP 等于 $C+S+T$;其中,C 是消费,S 是家庭和企业储蓄,T 是净税收,即税收减去收到的转移支付。

因为总收入等于总支出,可以表示为:
$$C+I+G+(X-M)=C+S+T$$
求解储蓄(S),我们得到:
$$S=I+(G-T)+(X-M)$$
求解财政平衡($G-T$),我们得到:
$$G-T=(S-I)-(X-M)$$
从这个等式中,我们可以看出,政府赤字($G-T>0$)必须由贸易赤字($X-M<0$)或私人储蓄超过私人投资($S-I>0$)的某种组合来融资。

参考文献/拓展阅读

Mankiw N G(2020),*Principles of Economics 9th ed*,Cengage Learning,pp. 467−486,530−549.

5.2 总需求和总供给与经济波动的关系

由于劳动力、资本增加和技术进步,经济在较长时期内经历了商品和服务生产的增加。然而,在某些年份,由于经济收缩,企业会遭受损失甚至可能倒闭,更严重的情况是工人失业。

经济学有一个关键问题:"是什么导致了这些短期的波动?"分析这个问题的关键变量包括 GDP、失业率、利率和价格水平。虽然围绕这个问题有大量的争论,但用于分析短期内产出波动的主要工具还是总需求和总供给的模型。我们从定义总供给和总需求来描述总供给曲线和总需求曲线,从而开启本节的学习。

学习目标

定义总供给和总需求。
讨论经济波动的问题。

主要内容

要 点

- 总供给是指在一个经济体中,企业愿意以特定价格出售的商品和服务的总量。总需求是指在所有可能的价格水平上购买的商品和服务的总量。
- 一个标准的总供给-总需求(AS‐AD)模型侧重于两个变量的行为,即经济体中商品和服务的产出(Y)、平均价格水平(P)。
- 古典经济学家大卫·休谟(David Hume)观察到,在发现黄金后,当货币供应量扩大时,价格需要一段时间才会上升。在此期间,就业率和产量都有所提高。

重点名词

- 名义的(Nominal):没有进行消除通货膨胀影响的调整(与实际相反)。

- 失业率(Unemployment Rate)：失业人口占劳动人口的比例。
- 价格水平(Price Level)：一个经济体中生产的所有商品和服务的平均价格。
- 利率(Interest Rates)：名义利率是储蓄和投资的货币回报，也是借贷的财务成本；实际利率是根据通货膨胀调整的名义利率。

5.2.1 总供给和总需求

总供给是指在一个经济体中企业愿意以特定价格出售的商品和服务的总量。总需求是指在一个经济体中以不同价格水平购买的商品和服务的总量。

一个标准的 AS-AD 模型着重于两个变量的行为，即经济中的商品和服务的产出(Y)、平均价格水平(P)。我们可以用总供给和总需求来分析经济的波动，如图 5.2 所示，Y 在 x 轴上，P 在 y 轴上。总需求曲线显示了家庭、企业、政府和国外客户希望在每个价格水平上购买的商品和服务的数量。总供给显示了企业在每个价格水平上生产和销售的商品和服务的数量。总供给等于总需求时的交点为均衡产出和均衡价格水平。根据 AS-AD 模型，通过调整价格水平和产出数量，使总供给和总需求达到平衡。

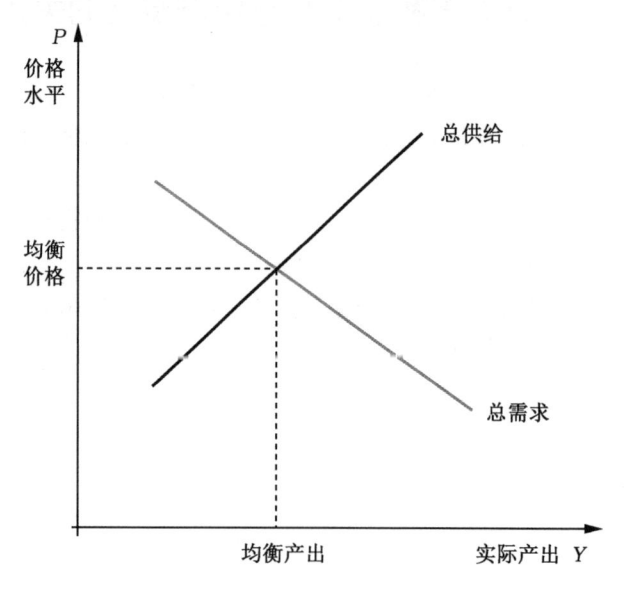

图 5.2　AS-AD 模型

AS-AD 模型与微观经济学中介绍的市场需求和市场供应模型不同。在市场模型中，行为人的动作取决于资源从一个市场向另一个市场移动的能力。例如，当比萨的价格上升时，需求量下降，因为购买者会转去购买其他产品，如冷冻酸奶。然而对于整个经济来说，这种替代是不可能的。AS-AD 模型关注的是一个经济体中所有公司生产的商品和服务的总量。

5.2.2 经济波动

经济产出的短期波动在历史上时有发生。而长期的经济活动的变化只受劳动、资本和技术差异的影响。否则,从长期来看,经济被认为是最优的。总供给曲线是垂直的,所以总需求的波动只影响长期的价格水平。

首先,在短期内,经济波动是不规则且不可预测的。其次,大多数宏观经济变量是一起波动的。最后,随着产出下降,失业率上升。这些都是围绕经济波动的典型事实。

最重要的是,经济学家已经意识到,要解释短期内的经济波动,分析中必须包括价格水平和实际产出。古典经济学家大卫·休谟(David Hume)观察到,当发现黄金后,货币供应量随之扩大,价格就需要一段时间才能上升。在此期间,经济的就业率和产量都有所提高。

图5.3说明了休谟的观察。在短期内,由于总供给的移动(从 AS_0 到 AS_1),货币量的增加会使生产增加。由于产量增加(从 Y_0 到 Y_1)、价格降低(从 P_0 到 P_1),所以购买量增加。

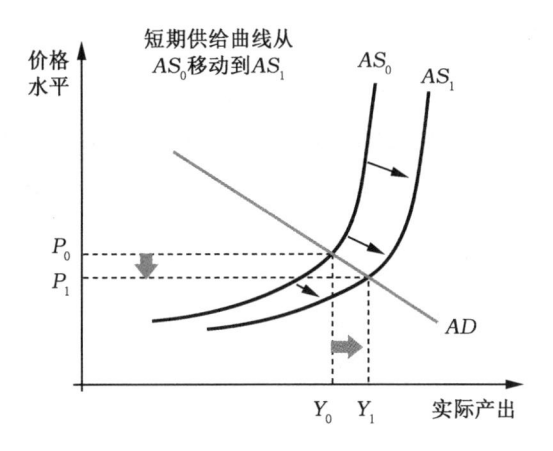

图5.3 短期总供给变化(AS-AD模型)

5.3 总需求曲线、IS曲线和LM曲线

总需求(AD)曲线告诉我们经济中所有商品和服务在特定的时间和在任何特定的价格下的需求数量。总需求曲线是向下倾斜的。在其他条件不变的情况下,价格水平的提高会导致对商品和服务的需求减少。相反,价格水平的下降会增加需求。

学习目标

解释向下倾斜的总需求曲线。
了解IS模型和LM模型。

主要内容

要　点

- 总需求可以表示为:$AD=C+I+G+(X-M)$。
- 要解释向下倾斜的需求曲线,需要我们研究总需求的各个组成部分是如何随价格水平变化的。
- IS模型和LM模型本质上解释了总需求曲线移动的原因。

重点名词
- 总需求(Aggregate Demand)：在特定的时间和价格水平下，经济中对最终产品和服务的总需求。
- 资产市场(Asset Markets)：人们购买和出售实物和金融资产的整个市场。
- IS 曲线(IS Curve)：描述了总投资(I)等于总储蓄(S)的所有利率和产出(GDP)水平的集合；换言之，即商品和服务市场处于均衡状态。
- LM 曲线(LM Curve)：显示了货币需求(或所需的流动性)等于货币供给时的收入和实际利率的组合。因此，国内经济处于资产(或股票)均衡状态。

5.3.1 总需求曲线

回顾一下，一个经济体的 GDP(我们用 Y 表示)是消费(C)、投资(I)、政府购买(G)和净出口($X-M$)的总和。每一个组成部分都对总需求有所贡献。总需求可以表示为：$AD=C+I+G+(X-M)$。总需求曲线通常用价格-产出图来描述，如图 5.4 所示。

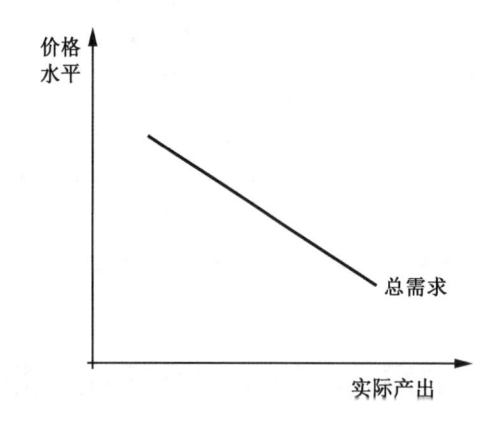

注：总需求曲线由消费、投资、政府支出和净出口推导而来(向下倾斜的需求曲线)。

图 5.4 总需求曲线

由于各组成部分对商品和服务的总需求都有贡献，而且每个组成部分都取决于价格水平，为了解释向下倾斜的需求曲线，需要我们研究总需求的每个组成部分如何随价格水平变化。

一方面，价格水平的提高降低了货币的实际价值，使消费者更加贫穷，减少了消费者的支出还有商品和服务的需求。另一方面，价格水平的下降会增加货币的实际价值，增加消费者支出还有商品和服务的需求。

价格水平会影响货币需求量。随着价格水平的降低，家庭只需要持有较少的货币去购买商品和服务。因此，家庭持有较少的钱，并贷款或储蓄更多的钱。金融机构也就有更多的资金能够放贷。随着家庭转为持有更多的有息资产，利率会被拉低，通过降低借贷成本，将导致消费更多的商品和服务。企业会借更多的钱来投资工厂和设备；家庭亦会借更多的钱来购买住宅以及大件物品，如汽车和大型家用电器。因此，较低的利率增加了商品和服务的需求量。

国内价格水平下降会导致国内利率下降。资金流向国外资产市场寻求更好的回报会导致国内货币贬值。然后，贬值会改变实际的汇率回报，当每一单位国内货币购买的外国商品减少时,外国货币购买的国内商品会增加。由于外国商品更加昂贵,消费者会减少购买,而外国人会购买更多的国内商品。国内货币贬值的结果是出口减去进口的差距增加。

对于这三个组成部分,可理解为:随着价格水平的下降,$C+I+(X-M)$会增加;随着价格水平的增加,$C+I+(X-M)$会下降。目前还不清楚价格水平如何影响政府的购买,通常是由政府的政策决定。我们应该注意到,这三个关键部分的数量级比政府支出大。由于上述原因,随着价格水平的提高,总需求会下降;随着价格水平的下降,总需求会增加。也就是说,总需求曲线是向下倾斜的。

5.3.2 IS-LM模型

下面将讨论IS-LM模型,该模型展示了总需求曲线为什么会移动,即分析了经济波动。该模型正式证明了总需求与商品和服务市场以及资本市场之间的关系。IS代表"投资"和"储蓄",IS曲线代表商品和服务市场的情况。LM代表"流动性"和"货币",LM曲线代表货币的供给和需求的情况。因为利率同时影响着投资和货币需求,所以它是连接IS曲线和LM曲线的变量。

5.3.3 IS曲线

IS曲线描述了在总投资(I)等于总储蓄(S)时,所有利率和产出(GDP)水平的集合;换言之,此时商品和服务市场处于均衡状态。

当总支出等于总收入时,储蓄、投资、财政收支和贸易收支之间的关系是$S=I+(G-T)+(X-M)$,正如前文所示。通过从等式的两边减去I来重新排列,我们得到:

$$S-I=(G-T)+(X-M)$$

这个方程式中的每个变量都是经济产出/总收入的函数。在其他条件相同的情况下,较高的总收入将导致财政赤字($G-T$)减少,或财政盈余增加。这是由于税收随着收入的增加而增加,进口也会随收入增加而增加,导致$(X-M)$减少或贸易赤字增加。我们把$(G-T)+(X-M)$的总和表示为一个递减的总收入函数。"$S-I$""$(G-T)+(X-M)$"与总收入的关系如图5.5所示。

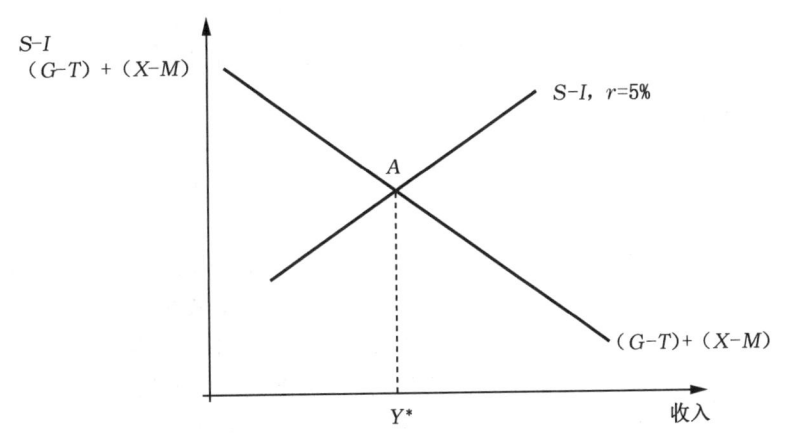

图5.5 "$S-I$""$(G-T)+(X-M)$"相对于总收入

在任何给定的实际利率下,私人储蓄超过私人投资的部分($S-I$)被表示为总收入的递增函数,假定收入的增加将使家庭和企业储蓄的增加超过它对投资上的增加。

在实际利率水平固定的情况下,私人储蓄相对于私人收入的过剩,而财政赤字和贸易平衡相对于总收入之间的本质关系。

如果我们改变实际利率则会发生什么?在其他条件相同的情况下,实际利率的下降将降低融资成本,增加企业的投资。因为我们保持财政和贸易平衡不变,储蓄超过投资的部分($S-I$)也不变。储蓄的增加与投资的增加保持同步。在保持边际储蓄倾向不变的情况下,储蓄的增加只能来自收入的增加。

如图5.6所示,实际利率从r_A下降到r_C,导致C点成为能够平衡等式的实际利率和实际总收入的新的组合点。实际总收入从Y_A增加到Y_C。

实际利率的增加有相反的效果,更高的利率将减少实际总收入。

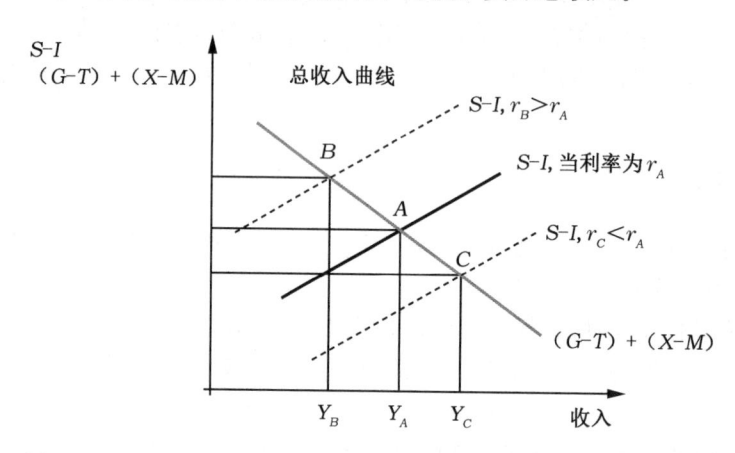

图5.6 "$S-I$""$(G-T)+(X-M)$"相对于总收入(变动的实际利率)

多余的私人储蓄对于私人收入、政府和贸易平衡与总收入之间的关系改变了实际利率,如$r_B>r_A>r_C$。

如果收入和支出保持平衡,实际利率和收入之间就一定存在反比关系。这种关系被称为IS曲线(如图5.7所示),因为投资(I)和储蓄(S)是调整和维持支出和收入之间平衡的主要变量。IS曲线描绘了总收入等于总支出时收入和实际利率的组合。

5.3.4 LM曲线

LM曲线显示了当货币需求(或期望的流动性)等于货币供给时收入和实际利率的组合。因此,国内经济处于资产(或存量)均衡状态。

我们以经济的整体价格水平作为货币价值的衡量标准去讨论。价格水平的上升意味着货币价值的降低,因为现在一美元只能买到比原来少的商品和服务。如今,关于价格水平是如何确定的以及为什么它会随着时间的推移而变化的理论被称为"货币数量论",它指出一个经济体中可用的货币数量决定了货币的价值,并且货币数量的增长决定了货币的价值。

货币数量论的一个角度是计算货币流通速度。为此,我们用名义的产出价值(名义GDP)除以货币数量M。如果P是价格水平,Y是产出数量(实际GDP),那么货币速度V为:

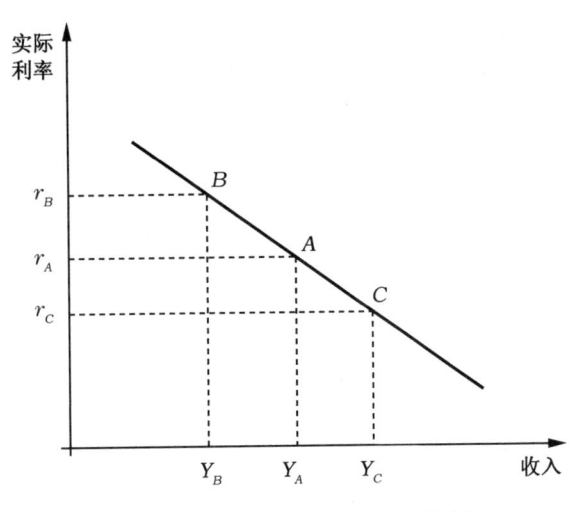

图 5.7　IS 曲线（总收入对实际利率）

$$V=(P\times Y)/M \text{ 和 } 1/V=(M/P)/Y$$

V 是典型的美元在经济中流动的速度。$1/V$ 被解释为人们希望以现金余额（货币）形式持有的实际收入的部分。

现在让我们来看看货币供给和货币需求。在大多数分析中，我们假设名义货币的供应量是一个政策变量。

至于货币需求，货币需求反映了人们希望持有多少流动形式的财富。货币是交换的媒介，也是最具有流动性的资产。即使以其他资产形式可以支付更高的利息，人们也倾向于持有货币。然而，如果利率上升，持有货币而不是把它放在有利息的债券或银行账户中，成本就会增加。因此，利率的上升会提高持有货币的成本。这个论点对实际利率或名义利率都适用，特别是在通货膨胀稳定的短期内。

当实际利率上升时，对货币的需求减少；而当实际收入上升时，对货币的需求增加。我们保持实际货币供给（M/P）不变。如果实际收入增加，那么实际利率必须向上调整，货币供给和货币需求才能达到平衡。

关于货币数量论，保持货币供应量（M/P）不变，实际收入增加，Y 被实际利率的增加而减少的 $1/V$ 所抵消。图 5.8 显示了这种关系。在保持（M/P）不变的情况下，实际收入和实际利率之间的关系是向上倾斜的。这条曲线被称为 LM 曲线，此时资产市场处于均衡状态。表明在一定的 M/P 水平下，收入与实际利率之间存在正向关系。

5.3.5　IS-LM 模型与总需求曲线

回顾一下，总需求（AD）曲线代表了经济体在不同价格水平下对所有商品（和服务）的总需求量。

图 5.9 显示了 IS 曲线和 LM 曲线的组合。它们相交的点代表实际利率和收入水平，与收入和支出之间的均衡（IS 曲线）和实际货币供给与实际利率之间的均衡（LM 曲线）相一致。IS 曲线和 LM 曲线的交点决定了在一定的实际货币供应水平下，价格和实际收入（实际 GDP）的均衡水平。

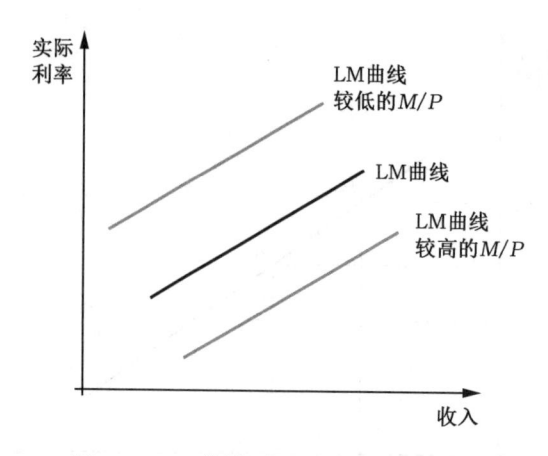

图 5.8　LM 曲线(实际利率对实际收入)

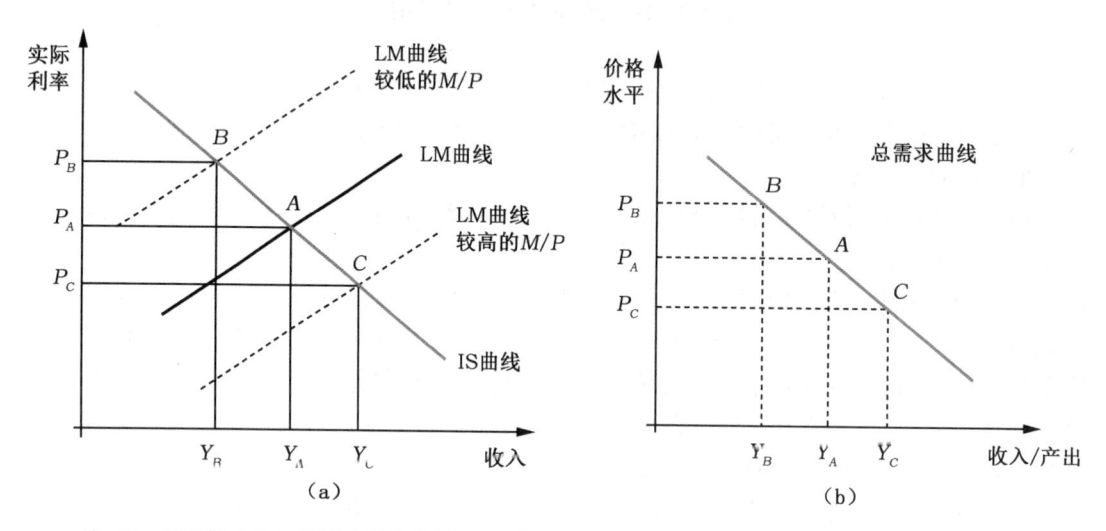

图 5.9　总需求曲线

注：IS-LM 模型考虑的是投资和储蓄，并比较流动性和货币供给。

总需求曲线显示了实际产出需求(等于实际收入)与价格水平之间的关系。

5.3.6　名义货币供给保持不变

实际货币供给(M/P)沿着 LM 曲线是不变的。如果名义货币供给(M)保持不变，则实际货币供给会因为价格水平(P)的改变而改变。价格水平的提高会减少实际货币供给(M/P)，而价格水平的降低会增加实际货币供给(M/P)。

如图 5.9 所示，B 点所在的 LM 曲线的实际货币供给比 A 点低(因此价格水平比 A 点高)；C 点所在的 LM 曲线的实际货币供给比 A 点高(因此价格水平比 A 点低)，我们假设 IS 曲线不变。在收入等于支出(IS 曲线)、货币需求等于货币供给(LM 曲线)的情况下，即使名义货币供给(M)保持不变，价格水平与实际收入之间的关系也是向下倾斜的。由此我们可以得出总需求曲线。

参考文献/拓展阅读

Mankiw N G(2020), *Principles of Economics 9th ed*, Cengage Learning, pp. 683−694,720−736.

5.4 总供给曲线

总供给曲线可以告诉我们在任何给定的价格水平下企业生产的商品和服务的总数量。

学习目标

描述不同时间范围内的总供给。
描述价格水平和实际GDP供给量之间的关系。

主要内容

要 点

- 总供给是价格水平和经济生产之间的关系。
- 总供给在长期供给曲线上是一条垂直线。
- 用来确定长期总供给的方程是 $Y=Y^*$。方程中,Y 是经济体的产量,Y^* 是经济体的自然产出水平。
- 总供给在短期内是一条向上倾斜的曲线。

重点名词

- 生产要素(Factor of Production):用于生产商品和服务的资源,如劳动力、土地和资本。
- 产出(Output):制造、生产、创造或完成量。

我们将重点讨论短期总供给(SRAS)曲线和长期总供给(LRAS)曲线,如图 5.10 所示。

从长期来看,我们已经提到,一个经济体的商品和服务的生产取决于它的劳动力、资本、自然资源的供应和可用技术。所有的价格都可以在长期内变化,而 LRAS 曲线是完全没有弹性的。在长期内,决定价格水平的货币供给量并不影响技术和上述的投入。因此,在考虑长期时,价格水平对总供给没有影响。我们把这种产出水平称为潜在 GDP 或充分就业 GDP。

在短期内,价格水平会影响产出。市场不完善会导致短期供给曲线的表现与长期曲线不同。举几个市场不完善的例子:黏性工资(即名义工资调整缓慢)、黏性价格(即一些产品的价格变化缓慢),以及错误的感知(整体价格水平不能反映它们所服务的个别企业的市场)。当价格水平上升到经济主体预期的价格水平以上时,产出就会增加到"自然"水平以上。如果价格水平下降,则产出将下降到"自然"水平以下。其结果是一条向上倾斜的 SRAS 曲线。

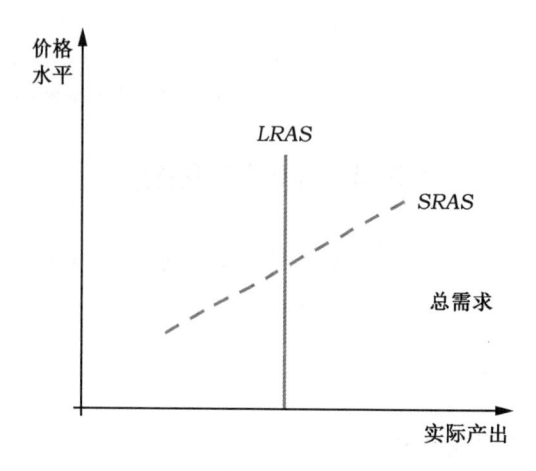

注：长期总供给(LRAS)曲线是无弹性的,而短期总供给(SRAS)曲线是向上倾斜的。

图 5.10　总供给曲线

5.5　总需求曲线和总供给曲线的移动

5.5.1　总需求曲线发生移动的原因

增加四种对总需求(AD)的投入(消费、投资、政府支出和净出口),其中任何一种都会导致更高的实际产出或价格上涨。

学习目标

描述能够移动总需求曲线的外部事件。

主要内容

要　点

- 在计算总需求(AD)时,有四种基本投入需要考虑:消费(C);投资(I);政府支出(G);净出口(NX),即净出口(NX)＝出口(X)－进口(M)。
- AD 曲线的移动会导致各种直接和间接的后果。在我们的讨论中,最重要的是要牢记产出和价格的变化。
- 随着系统越来越接近最高的潜在产出(或资源的最佳利用或 Y^*),稀缺性将导致价格的增长超过系统的整体产出。

重点名词

- 外生的(Exogenous):来自一个群体之外的。

回顾一下,总需求(AD)曲线反映了一个经济体中消费者、企业、政府和外国人的总支出。本节旨在讨论导致 AD 曲线移动的因素。当然,价格水平的变化表现为沿 AD 曲线的移动。

从图形上看(见图5.11),总需求的增加表现为向右移动。图中新的总需求曲线显示,在任何特定的价格水平下,商品和服务的需求量都有所增加。

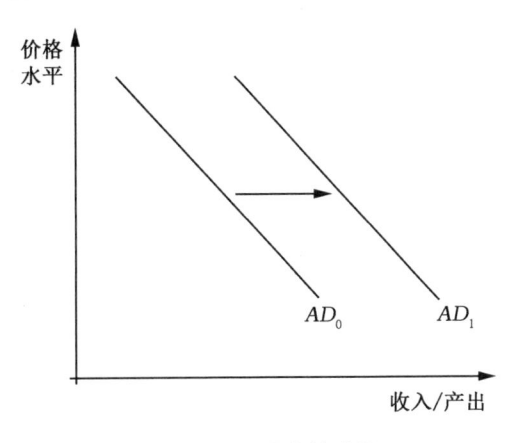

图 5.11 总需求的增长

图5.11反映的是在给定的经济体系中价格和产出之间的关系,各种因素的变化导致总需求(AD)的移动。

回顾一下,从支出的角度来看,$GDP=C+I+G+(X-M)$。许多因素可以影响在特定价格下的商品和服务的需求数量。这些因素可以根据最直接影响的支出因素进行分类。下面是一些会使总需求向右移动的外生事件。

一是消费(C)的变化。
- 消费者的财富增加。股票市场繁荣或房价持续上涨等事件让人们感到更加富有,对储蓄的担忧减少,这可能使得支出增加、总需求上升。
- 消费者对未来收入的预期。当消费者认为工作会更加稳定、工资会增加,甚至将会减税时,他们就会预期未来收入增加,所以会减少对未来的储蓄,增加现在的支出,从而使总需求增加。

二是投资(I)的变化。
- 企业预期。当企业对未来的销售更加乐观时,它们往往会增加对工厂、设备和库存的投资,从而增加总需求(I增加)。
- 产能利用率高。当公司以较高的生产能力进行生产时,它们往往会投资更多的工厂和设备,从而增加总需求(I增加)。
- 商业税收抵免。投资税收抵免(与企业的投资支出挂钩的退税)增加了对商品的需求。

三是消费和投资的变化。
- 扩张性货币政策。当货币供给的增长率提高时,银行有更多的资金可以放贷,这对利率产生了下行压力。较低的利率增加了对工厂和设备的投资,因为这些投资的融资成本下降了。较低的利率和更多的贷款也将增加消费者对耐用消费品(如汽车、大型电器)的支出,这些消费品通常是通过贷款购买的。因此,扩张性货币政策增加了总需求(C和I增加)。

四是消费和政府购买的变化。
- 扩张性财政政策。来自减少税收、增加政府支出,或两者兼有的扩张性财政政策(政府预算盈余减少或预算赤字增加)。税收的减少会增加可支配收入和消费,而政府支出的增加会直接增加总需求（减税时 C 增加，支出增加时 G 增加）。

五是净出口变化。

- 汇率变动。一个国家的货币相对价值的下降将增加出口、减少进口。这些影响往往会增加国内总需求（净 X 增加）。另外，投机者也会造成汇率的变动，比如亚洲的金融危机。
- 全球经济增长。外国经济的 GDP 增长往往会增加外国对进口（国内出口）的需求。国内出口需求将增加总需求（净 X 增加）。例如，2008 年以来美国的持续复苏提升了许多出口国的净出口。

5.5.2 长期总供给曲线移动的原因

长期总供给（LRAS）曲线在实际 GDP 的潜在（充分就业）水平上是垂直的（完全无弹性）。有些因素能够影响经济体在充分就业情况下所能生产的实际产出，当这些因素发生变化时，将使 LRAS 曲线发生移动。潜在（充分就业）的产出水平被称为自然产出水平。

学习目标

找出长期总供给曲线移动的常见原因。

主要内容

要　点

- 从长期来看，总供给只受资本、劳动力和技术的影响。

重点名词

- 长期（Long-Run）：固定在 GDP 的充分就业水平。

任何改变潜在产出的经济变化都会改变长期总供给曲线。由于产出取决于劳动力、资本、自然资源和技术知识，我们可以将长期总供给曲线的变化归类为以下四个来源：

一是劳动力的变化（L）。

- 劳动力供给增加。假设经济体经历了移民的增加和工人数量的增加。因为 LRAS 反映了充分就业时的产出，所以劳动力的增加将增加充分就业时的产出和 LRAS。
- 人力资本（或劳动力的技能）增加。假设通过培训和教育，技能和生产力得到提高。产出是经济的生产力和劳动力的乘积。生产率的提高导致潜在实际产出的增加和 LRAS 的增加。

二是资本的变化（K）。

- 实物资本存量增加。经济体资本存量的增加会提高生产力。对于给定规模的劳动力，经济生产力的提高将增加潜在产出和 LRAS。

三是自然资源的变化（N）。

- 自然资源供给增加。一个经济体的生产取决于其土地、矿产和天气等自然资源的供应。矿藏的发现将使 LRAS 向右移动，而天气变化对其可耕地的破坏将使 LRAS 向左移动。

四是科学技术的变化（A）。

- 技术革新。一方面，技术进步，如技术升级和数字化转型，提高了劳动生产率（每单位劳动的产出），从而提高了一定量的生产投入所能产生的实际产出，增加了 $LRAS$。许多发展虽然不是技术，但对生产力产生了类似的影响，包括那些专注于其比较优势的国家。另一方面，严格的政府监管（有时是为了整体利益，比如出于安全和环境考虑）会减少 $LRAS$。

【示例 2】

约翰-多诺万是一家全球共同基金的投资组合经理。目前，他的基金有 10% 的资产投资于中国股票。他正在考虑增加该基金在中国股票市场的配置。他的决定将基于对以下经济发展及其对中国经济和股票市场的影响的分析。以下几点对 $SRAS$ 和 $LRAS$ 的影响分别是什么？

（1）由于新兴市场的强劲需求，全球油价从过去三年的每桶 35 美元上涨至目前的每桶 75 美元，接近其长期趋势。

（2）在过去十年中，中国大学里学习工程学的学生人数急剧增加。

（3）中国工人的工资正在上涨，导致一些跨国公司考虑将其投资转移到越南或柬埔寨。

（4）最近的数据显示，中国企业投资占 GDP 的比重超过 40%。

解决方案 1： 更高的能源价格导致短期 AS 下降，使 $SRAS$ 曲线向左移动。由于油价已回归长期趋势，$SRAS$ 的左移基本上逆转了之前油价跌至 35 美元时发生的变化，这可能不会对 $LRAS$ 曲线产生影响。产出和利润的下降可能会对中国股市产生消极影响。

解决方案 2： 更多的学生学习工程表明了劳动力质量的提高（人力资本的增加），导致 AS 增加，使 AS 曲线向右移动。短期曲线和长期曲线都受到影响。预计会有更高的产出和利润，这将对中国股市产生积极影响。

解决方案 3： 工资的上涨增加了企业的劳动力成本，导致短期总供给下降，使 $SRAS$ 曲线向左移动。产出和利润下降可能会对中国股市产生消极影响。

解决方案 4： 企业投资水平高，表明中国的资本存量正在快速增长。这种快速增长的资本存量意味着工人有更多的资本可以使用，从而提高了他们的生产力。由于 AS 增加，使 AS 曲线向右移动。短期 AS 和长期 AS 都受到影响。预计会有更高的产出和利润，这将对中国股市产生积极影响。

5.5.3 短期总供给曲线移动的原因

短期总供给告诉我们，在任何给定的价格水平下，短期内供应的商品和服务数量的这条曲线与长期总供给曲线相似，但它是向上倾斜的，而不是垂直的。移动与价格水平和生产的变化有关。

☕ **学习目标**

找出短期总供给曲线发生移动的常见原因。

解释短期总供给曲线移动的结果。

主要内容

要　点

- 短期供给曲线与长期总供给曲线相似。尽管如此,但像之前讨论过的那样,因为有黏性价格、黏性工资(如合同工资率),以及无法完全适应当前经济状况的错误的感知影响,所以短期供给曲线仍是向上倾斜的,而不是垂直的。
- 使 LRAS 和 SRAS 向右移动的因素包括工资下降、实物库存的增加或技术进步。
- 预期价格水平的提高会导致商品和服务的产出减少。这种变化也会使 SRAS 向左移动。

重点名词

- 短期的(Short-Run):当一个或多个因素是固定的。

短期供给曲线与长期总供给曲线相似。尽管如此,但由于受黏性价格、黏性工资(如合同工资率),以及无法完全适应当前经济状况的错误的感知影响,短期供给曲线仍是向上倾斜的,而不是垂直的。在考虑什么会使 SRAS 曲线移动时,我们应该考虑那些使 LRAS 移动的因素并加上其他因素。图 5.12 显示,随着每一价格水平上的供给量的增加,将使总供给曲线向右移动。

使 LRAS 和 SRAS 向右移动的因素包括工资下降、实物库存增加或技术进步。当 SRAS 右移时,产出增加,价格水平下降。另外,最低工资的增加将导致 SRAS 左移,对产出和价格水平产生相反的影响。

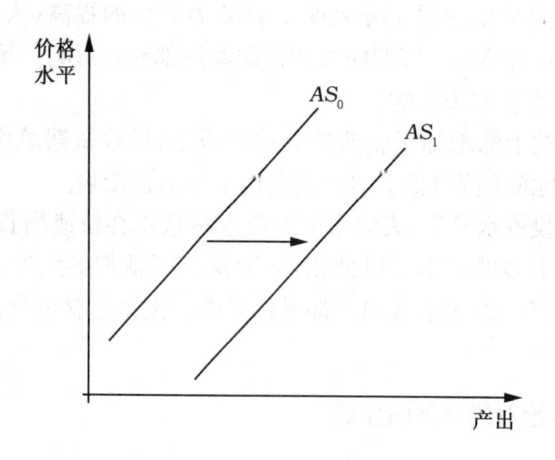

图 5.12　短期总供给的变化

如图 5.12 所示,在一个给定的经济体系中,价格和产出之间的关系,是由于其中某些因素导致了短期总供给(SRAS)的移动。

除了潜在 GDP 的变化(长期总供给的移动),还有几个因素会导致 SRAS 曲线向右移动。

在短期内,使总供给曲线向右移动的事件包括工资的下降(工资增加会带来更多的工人)、实物资本存量的增加或技术的进步。短期曲线向右移动时,价格水平下降 GDP 上升。当曲线向左平移时,价格水平上升,GDP 下降。

影响一个经济体生产成本的因素可以使 SRAS 曲线移动。这些因素包括税收和补贴、原材料价格,甚至资本和劳动力组合的变化。一国货币的升值会降低进口成本。如果生产投入是进口得到的,那么生产成本的降低将增加产量,从而使 SRAS 曲线移动。当然,自然资源可用性的变化,比如极端天气条件,也会使 SRAS 曲线移动。

最后,影响 SRAS 曲线位置的一个变量是经济主体预期占上风的价格水平。我们注意到,工资、价格和感知都是基于预期的价格水平。以黏性工资为例,当价格水平预期很高时,工人们很可能会为更高的名义工资讨价还价,从而导致企业成本变高、商品和服务的产出减少。因此,SRAS 曲线会移动,在本例中是向左移动。相反,价格水平预期的下降将导致 SRAS 曲线向右移动。

参考文献/拓展阅读

Mankiw N G(2020),*Principles of Economics 9th ed*,Cengage Learning,pp. 695—717.

5.6 AD-AS 供给模型

在经济学中,宏观经济均衡是指总供给等于总需求。

学习目标

理解总需求和总供给均衡的含义。
描述总需求和总供给的波动如何引起经济和商业周期的短期变化。

主要内容

要　点
- 均衡是指需求量等于供给量时的价格与数量之比。
- 商业周期的阶段显示为短期均衡实际 GDP 低于充分就业 GDP(衰退)和高于充分就业 GDP(扩张导致通胀压力)的偏差。
- 总需求和总供给模型解释了菲利普斯曲线的结果。

重点名词
- 失衡(Disequilibrium):指内部和外部力量阻止市场均衡的达成或导致市场失去平衡。
- 调整(Adjustment):价格和供求数量减少或增加的过程。

在经济学中,均衡是指市场价格达到供应量等于需求量的水平。如果没有外部影响,那么价格和数量将保持在均衡值。如图 5.13 所示,表明当总供给等于总需求时,宏观经济均衡。当总供给与总需求相交时,宏观经济均衡与微观经济均衡相似。

让我们来研究一下短期和长期的宏观经济均衡。

在图 5.14 中,长期均衡处于 LRAS 曲线和总需求曲线的交点上。最终商品和服务的价格水平的变化可以使经济走向长期的宏观经济均衡。

为了描述长期宏观经济均衡的过程,假设我们的价格水平处于短期失衡状态,价格为 P_H 时出现供给过剩(有时被称为"衰退性缺口"),那么价格将面临下行压力。这种过剩供给

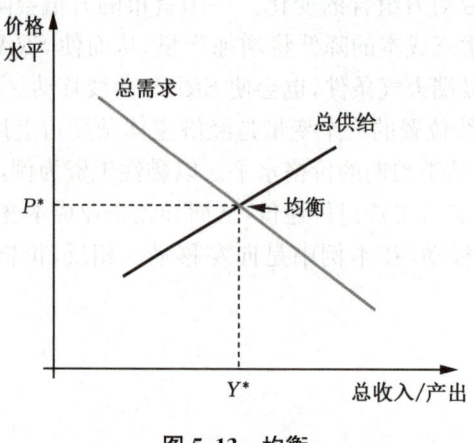

图 5.13 均衡

使价格水平下降到长期均衡价格水平 P_E。如果价格水平是 P_L，则会出现对商品和服务的过度需求(有时被称为"通货膨胀缺口")。库存减少的企业通过提高产量和价格来应对。随着价格水平的上升，经济沿着总需求曲线走向长期均衡。

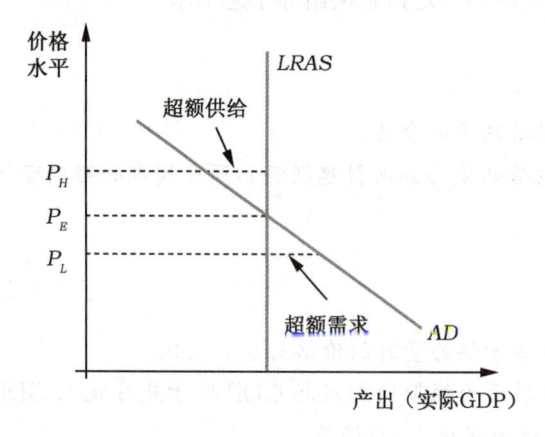

注：此为长期总供给(LRAS)背景下某一经济体系内价格和产出之间的关系。

图 5.14 长期均衡实际产出

在产出水平高于或低于长期均衡产出的情况下，经济处于长期不均衡状态。长期不均衡状态如图 5.15 所示。

我们接下来研究经济处于短期均衡状态时的情况。在标有"低于充分就业"的图中，短期均衡的 GDP_R 低于 LRAS 上的充分就业 GDP_E。图 5.15 说明了经济处于短期均衡而非长期均衡的两种情况。在标有"低于充分就业"的图中，短期均衡的实际 GDP_R 小于充分就业的 GDP_E(沿 LRAS 曲线)。经济被认为处于衰退或低于充分就业的均衡状态。"GDP_E-GDP_R"被称为衰退缺口或产出缺口。低于充分就业会给以货币表现的工资和资源价格带来下行压力，使均衡价格水平从 P_R 下降到 P_E。

标有"高于充分就业"的图显示了短期均衡 GDP_B 大于充分就业 GDP_E 的情况。这种情况显示了超出了 LRAS 的扩张，给价格带来了上行压力，导致了通货膨胀，使价格水平从 P_B 上升到 P_E。

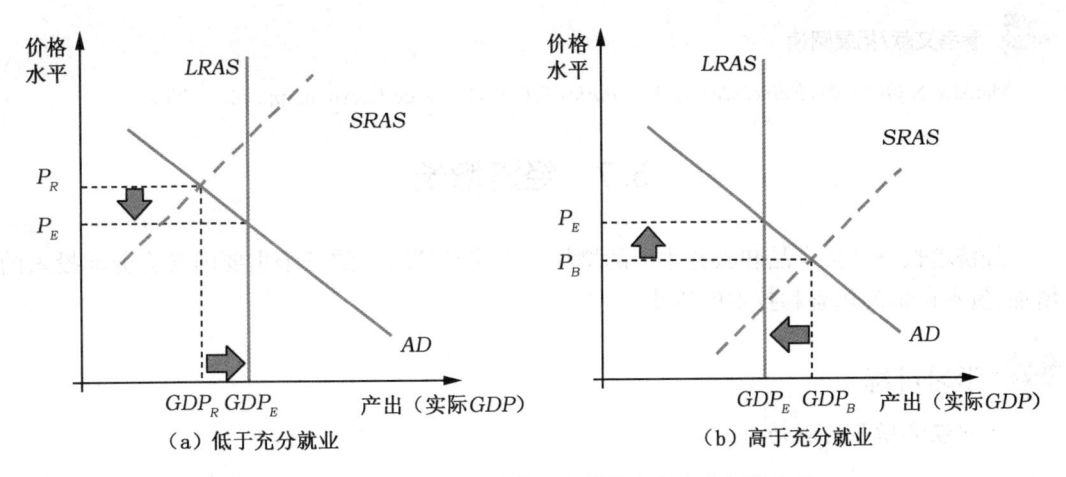

注：此为短期总供给（SRAS）背景下给定经济体系内价格和产出之间的关系。

图 5.15　长期不均衡

图 5.15 描述了短期的经济波动，有时被称为商业周期。商业周期的衰退阶段显示为短期实际 GDP 低于充分就业水平的偏差。商业周期的后期扩张阶段显示为短期实际 GDP 高于充分就业水平的偏差。高于充分就业的偏差导致了通货膨胀的压力。

【示例 3】

下面我们来介绍显示通货膨胀和失业之间短期关系的菲利普斯曲线。图 5.16 是菲利普斯曲线的一个例子。政策制定者可以通过改变货币政策和财政政策来影响总需求。X 点显示了高失业率和低通货膨胀，Y 点显示了低失业率、高通货膨胀。

总需求和总供给模型可以解释菲利普斯曲线所描述的关系。如果短期内需求曲线向上移动则会发生什么？简而言之，对商品和服务的需求增加会导致产出增加、失业率降低和短期内价格水平上升。

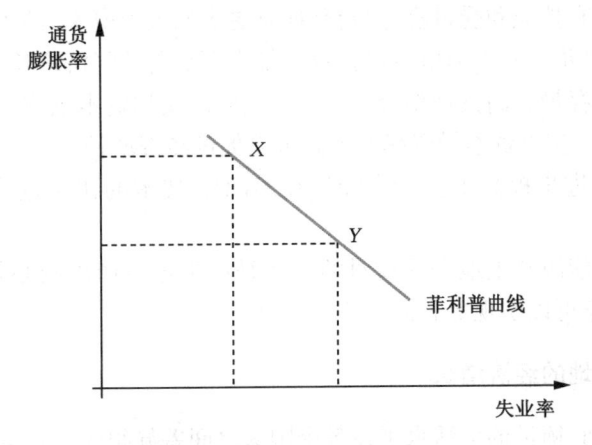

注：菲利普斯曲线显示了通货膨胀率和失业率之间的反向关系。

图 5.16　菲利普斯曲线示例

参考文献/拓展阅读

Mankiw N G(2020), *Principles of Economics 9th ed*, Cengage Learning, pp. 745—758.

5.7 经济增长

经济增长是经济产品和服务生产的增加。影响经济增长的三个主要因素为劳动投入的增加、资本存量的积累和技术的进步。

学习目标

了解经济增长的驱动力。

主要内容

要　点

- 总供给会因为劳动力供给、人力资本、实物资本存量、技术和自然资源的变化而变化，这些因素也是经济增长的重要来源。

重点名词

- 生产函数(Production Function)：将生产产出与生产投入（或生产要素）联系起来的函数。

本节将更详细地讨论长期总供给。在前面的章节中，我们提到长期总供给曲线是垂直的，不随价格水平变化。总供给会随着下列同样是经济增长重要因素的变化而变化。

（1）劳动力供给。劳动力是指 16 岁以上有工作或可以工作但目前失业的人数。劳动力的增长（通过人口增长、净移民和参与率的提高）是一个重要的经济增长来源。

（2）人力资本。有技能和受过良好教育（拥有更多的人力资本）的工人的生产力更高，能够更好地适应技术进步。对人力资本的投资会带来更显著的经济增长。

（3）实物资本的存量。高投资率会增加一个国家的实物资本供应，从而提高劳动生产率和更高的潜在 GDP。实物资本投资率的提高可以促进经济增长。

（4）技术。技术进步提高了生产力和潜在 GDP。技术的快速进步导致了经济的高速增长。

（5）自然资源。能源和土地等原材料的投入是产生经济产出的必要条件。拥有大量生产性自然资源的国家可以实现更高的经济增长率。

5.7.1　世界各地的经济增长

以实际人均 GDP 衡量的生活水平在各个国家之间差异很大。在某些情况下，差距非常极端，比如巴基斯坦 2017 年的人均 GDP 与英国 1870 年的人均 GDP 相同。此外，我们还注意到，虽然发展中国家确实会随着时间的推移而崛起，富裕国家确实会衰落，但并不能保持长期繁荣。

世界各地生活水平不同的关键原因是"生产力"。一个经济体的 GDP 衡量的是该经济体商品和服务产出的总收入和总支出。由于一个经济体的收入就是它的产出,一个国家只有在生产许多商品和服务的情况下才能享有较高的生活水平。

5.7.2 经济增长的可持续性

我们首先将潜在 GDP 定义为一个经济体在一段时间内能够维持的最高产出。从技术上讲,经济合作与发展组织(OECD)将其定义为一个经济体在恒定的通货膨胀率下的产出水平。相比之下,其他经济学家则将其描述为一个经济体在自然失业率下的产出水平。为了便于讨论,我们将潜在 GDP 表述为:

$$潜在 GDP = 总工作时间 \times 劳动生产率$$

从增长的角度来看,潜在 GDP 增长率可表述为:

$$潜在 GDP 增长率 = 劳动力增长率 + 劳动生产率增长率$$

【示例 4】

在过去的几十年里,日本的实际增长率一直很低。大多数人将此归因于人口老龄化。有研究通过分别估算日本的劳动生产率和劳动力增长率,得出其潜在经济增长率,预计日本的劳动力将萎缩 1%,劳动生产率将增长 2%。

因此,潜在 GDP 的估计增长是 $-1\% + 2\% = 1\%$。

从研究结果来看,日本的潜在 GDP 增长缓慢是源于劳动力的负增长,这可能是因为劳动力离开的人数超过了新加入的人数。

5.7.3 生产函数与经济增长

我们可以用生产函数来描述用于生产的投入数量和产出数量之间的关系。

产出的数量可以被认为是劳动力、实物资本、人力资本和可用的自然资源及其生产力的函数,其中生产力取决于现有的技术,即:

$$Y = A \times F(L, K, H, N)$$

式中,F = 显示因素如何组合创造产出的函数,Y = 产量,L = 劳动力,K = 实物资本,H = 人力资本,N = 自然资源,A = 可用的生产技术。

随着技术的进步,A 上升,经济的产出从给定的 L、K、H 和 N 的投入组合中提高。生产函数可以在每个工人的基础上通过除以 L 来表示:

$$Y/L = A \times F(1, K/L, H/L, N/L)$$

式中,Y/L = 每个工人的产量(劳动生产率),K/L = 每个工人的实物资本,H/L = 每个工人的人力资本,N/L = 每个工人的自然资源。

上述关系表明,无论是个体经济、简单经济还是复杂经济,无论是劳动生产率还是"生产率",都是依靠四个关键因素提高的,即技术进步、人均实物资本增加、人均人力资本增加、人均自然资源增加。

用于生产商品和服务的设备和结构被称为实物资本。对于实物资本,我们可以知道,如果工人有工具可以使用,就可以提高生产力。人力资本是工人通过培训和经验获得的知识和技能。自然资源是由大自然提供的,即土地、水、矿物、可再生资源和不可再生资源。

技术知识也是生产力的基本决定因素。它是一个重要的决定因素,有多种形式,如共享经验、专有知识、开源、专利等。

假定生产函数对每一投入都表现为边际生产率递减,那么保持其他投入不变,每增加一单位投入,所产生的额外产出就会下降。基于这一假设,仅仅通过增加每名工人加班的实物资本,可能也无法实现长期的可持续增长。

参考文献/拓展阅读

[1] Barro and Sala-I-Martin(1995), *Economic Growth*, McGraw-Hill, World Bank Online Data and Mankiw(2021), *Principles of Economics* 9th ed, Cengage Learning.

[2] Mankiw N G(2020), *Principles of Economics* 9th ed, Cengage Learning, pp. 504−512.

练习题

习题 1
一个投资者预期总需求将减少并且会出现经济衰退缺口,那么他应该(　　)。
A. 加大对周期性企业的投资
B. 增加投资级固定收益证券的投资
C. A 和 B 都有

习题 2
总支出和总产出之间相等,意味着政府的财政赤字必须等于(　　)。
A. 私人储蓄−投资−净出口
B. 私人储蓄−投资+净出口
C. 投资−私人储蓄+净出口

习题 3
最有可能导致长期总供给曲线向左移动的是(　　)
A. 更高的名义工资　　　B. 生产率下降　　　C. 增加公司税

习题 4
以下最不可能被纳入国内生产总值(GDP)测量的部分是(　　)。
A. 业主自住租金的价值　　B. 当地警官的年薪　　C. 生产造成的环境破坏

习题 5
一家经济预测公司基于新古典主义增长模型,根据历史数据估算出以下方程式:

$$\text{潜在产出增长} = 1.5 + 0.72 \times \text{劳动力增长} + 0.28 \times \text{资本增长}$$

该方程式中对于截距(1.5)的最好解释为(　　)。
A. 长期可持续增长率
B. 全要素生产率的增长率
C. 不太可能持续地高于历史趋势的增长

习题 6
根据习题 5 相关内容,该方程式中对于劳动力增长率的系数(0.72)的最好解释为:(　　)。
A. 劳动力参与率　　　B. 劳动的边际生产率　　　C. 劳动所得收入的份额

习题 7

价格水平的提高将使( )移动。

A. IS 曲线　　　　　　　B. LM 曲线　　　　　　　C. 总需求曲线

习题 8

随着价格水平沿总需求曲线下降,利率最有可能( )。

A. 下降　　　　　　　　B. 增加　　　　　　　　C. 保持不变

习题 9

( )被包括在马来西亚某一年的 GDP 市场价值中。

A. 新加坡公民在马来西亚种植的榴莲的市场价值

B. 由日本制造、马来西亚销售的电子产品的市场价值

C. 马来西亚艺术家在马来西亚境外制作的电影动画的市场价值

习题 10

假设一幅画在 2018 年以 5 000 美元售出,制作这幅画所涉及的费用达 2 000 美元。根据 GDP 的增加值总和法,创作这幅画的最后一步的增加值为( )。

A. 2 000 美元　　　　　　B. 3 000 美元　　　　　　C. 5 000 美元

参考答案

习题 1

答案:选项 B 正确。

一方面,从所给选项来看,投资级固定收益证券违约的可能性较小。另一方面,与防御性债券和投资级债券相比,周期性公司的收益降幅可能更大,受到的影响也更大。由于选项 B 是一个明确的选择,我们不需要考虑选项 C。

习题 2

答案:选项 A 正确。

储蓄、投资、财政收支与贸易收支之间的基本关系是 $S=I+(G-T)+(X-M)$。这种关系表明,私人储蓄必须为投资支出、政府财政收支和净出口(即净资本外流)提供资金。

重新排列后得出 $G-T=(S-I)-(X-M)$。政府的财政赤字($G-T$)必须等于私人部门的储蓄/投资余额($S-I$)减去净出口($X-M$)。

习题 3

答案:选项 B 正确。

生产率衡量劳动效率,它是工人在一定时期内的产出量。生产率的下降意味着效率降低、劳动成本增加和盈利能力下降,以及每个产出价格水平下产出降低,这些导致了短期和长期总供给曲线的左移。

习题 4

答案:选项 C 正确。

生产过程中没有明确市场价值的副产品不包括在 GDP 中。

习题 5

答案:选项 B 正确。

估算方程采用的是由索洛开发的标准增长会计方程。截距是全要素生产率的增长率。

习题 6

答案:选项 C 正确。

在标准的索洛增长会计方程中,每个因素的增长率的系数是其收入的份额。

习题 7

答案:选项 B 正确。

LM 曲线表示收入和利率的组合,在这种情况下,对实际货币余额的需求等于供给。对于一个给定的名义货币供给,价格水平的提高意味着实际货币供给的减少。

为了减少对实际货币余额的需求,利率必须增加或减少。因此,在每个利率水平上,收入(=支出)必须减少,LM 曲线向左移动。

习题 8

答案:选项 A 正确。

价格水平的下降会增加实际货币供给,并使 LM 曲线向右移动。由于 IS 曲线向下倾斜,IS 曲线和 LM 曲线将相交于较高的收入水平和较低的利率下。

习题 9

答案:选项 A 正确。

马来西亚的 GDP 是指在一定时期内其境内生产的所有最终商品和服务的总市场价值。榴莲是在马来西亚种植的,算作马来西亚的 GDP。

习题 10

答案:选项 B 正确。

艺术家增加的价值为 5 000−2 000=3 000(美元)。

第三部分

宏观金融

第6章 金融发展与金融市场

6.1 金融发展

6.1.1 银行和金融机构

银行、保险公司、基金管理公司、股票经纪人和许多其他金融机构在金融部门开展业务。

学习目标

理解金融市场和金融机构(或中介机构)的需求和服务。

主要内容

要 点
- 金融市场和金融中介机构的存在是为了帮助我们解决在金融交易中遇到的市场缺陷,即信息不完善、投资限制和交易成本。它们能降低市场摩擦并为财务生活提供便利。
- 这些市场缺陷使社会储蓄无法流向那些拥有最佳创意和项目的人,从而限制了经济发展。
- 这些市场缺陷和成本的存在为金融合同、市场和中介机构的出现提供了动力。

重点名词
- 信息不完善(Imperfect Information):获取和处理有关潜在投资的足够信息是困难且昂贵的。
- 有限执行(Limited Enforcement):与撰写、解释和执行合同有关的成本和不确定性因素。
- 交易成本(Transaction Costs):与交易商品、服务和金融工具有关的成本。

银行和其他金融中介机构提供以下金融服务(并非详尽列表):
(1)储蓄和投资计划;
(2)付款和汇款服务;
(3)贷款和垫款(到期日转换和数量转换);
(4)跟单信用证和贸易融资服务;
(5)风险管理服务(风险转移);

(6)公司融资和咨询服务。

6.1.2　金融发展

当金融工具、市场、机构和中介机构减轻不完善信息、投资限制和交易成本的影响时,就会出现金融发展。

教学目标

理解金融发展的含义。
提供金融发展的例子。
理解金融部门与经济增长之间关系的传统观点和越来越多的非传统观点。
了解金融发展涉及什么以及如何衡量。

主要内容

要　点

- 金融发展可以定义为特定金融市场的功能改善。
- 对于金融和经济增长之间的关系,有传统的观点,也有越来越多的非传统观点。
- 金融发展是一个庞大的概念,难以衡量,但是有代理变量可以衡量金融系统的四个特征:深度、准入权、效率和稳定性。

重点名词

- 金融中介(Financial Intermediation):银行或其他金融中介执行的过程,即从储蓄者那里收取资金,然后将其贷给借款人。
- 金融市场(Financial Markets):涵盖外汇、金融衍生产品、股票和债券市场。
- 资金准入(Financial Access):个人或企业获得金融服务的能力,包括信贷、存款、支付、保险、风险管理等。

在经济层面上,金融发展可以被定义为金融体系五个关键职能质量的提升:
(1)调动和集中储蓄;
(2)制作和处理有关潜在投资的信息,并根据这些评估进行资本分配;
(3)监测企业业绩,执行分配投资后的公司管理;
(4)促进交易、投资分散和风险管理;
(5)简化商品和服务的交换。

金融发展涉及能有效发挥金融中介作用的基础设施、政策和机构,而金融市场则为获得资本和金融服务提供了广泛的途径。

例如,征信机构或登记处往往会优化潜在借款人的信息获取渠道,并提高那些对经济发展有积极作用的金融资源配置。

像美国和英国等一些国家,其机构有效的法律法规体系和执法机制等提振了投资者的信心,并促进了股票和债券市场的发展,从而帮助经济增长,并为投资者提供了更加多样化的投资组合。

传统观点认为,金融部门是更广泛的经济发展的副产品,从而导致金融部门采取被动的决策方法。

但是,越来越多的替代观点认为,稳健的金融部门可以刺激更广泛的经济增长,或者运作良好的金融体系在促进长期经济增长方面具有重要作用。金融体系较为发达的国家往往会在较长时期内更快地实现经济增长。运作良好的金融体系可以缓解阻碍公司和产业扩张的外部融资约束。

国际货币基金组织(IMF)在2011年9月出版的《金融与发展》中评论道:"更多种类和更容易获得的金融服务,可以允许更大的存款储蓄池以更高的效率用于各种生产性投资,从而促进更强劲的经济增长。"

例如,由穆罕默德·尤努斯(Muhammad Yunus)于1976年在孟加拉国建立的格莱珉银行(Grameen Bank,又名"穷人银行")就是向穷人提供小额贷款,也就是我们常说的小额信贷。这种小额信贷减少了大规模的农村贫困,并促进了孟加拉国的经济和社会发展。2006年,穆罕默德·尤努斯被授予诺贝尔和平奖。

金融发展是一个宏大的概念,涉及多个方面。到目前为止,大多数国家通常会基于经验选取长期可用的标准量化指标,例如,金融机构提供的私人部门信贷与GDP的比率、金融机构资产与GDP的比率、金融资产总额(股票、债券、贷款)与GDP的比率等。

以下提供了使用此类标准定量指标进行研究的例子。私人信贷水平较高的国家(金融中介机构对私营部门的信贷价值除以国内生产总值)在1960—1995年的增长速度往往比金融中介机构发展水平较低的国家要快。回归结果表明,金融发展对经济增长产生了巨大的经济影响。请参见图6.1和图6.2。

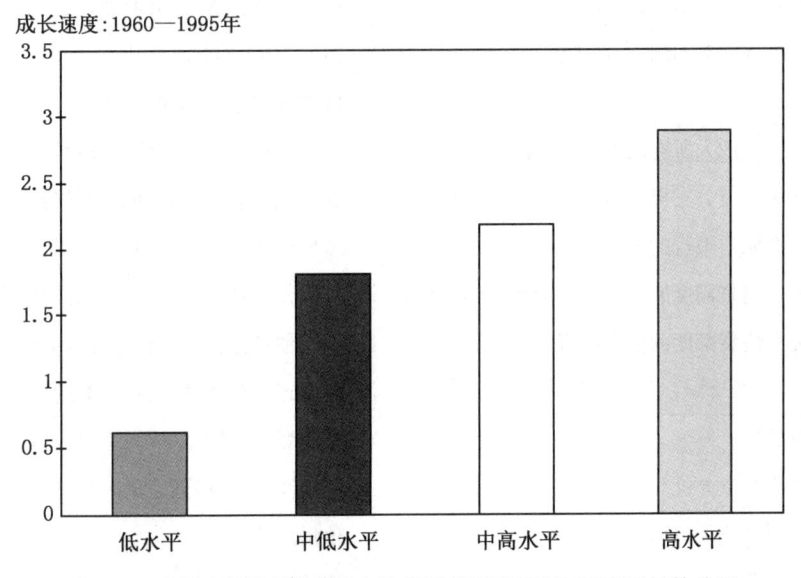

图6.1　金融中介发展(由私人信贷当代理变量)和经济增长的关系

世界银行启动了一个关于金融系统的更全面的在线数据库——全球金融发展数据库,该数据库关注能够衡量四个金融系统特征的代理变量。这四个金融系统特征分别是金融机构和金融市场的深度、准入权、效率和稳定性。请参见表6.1。

成长速度：1960—1995年

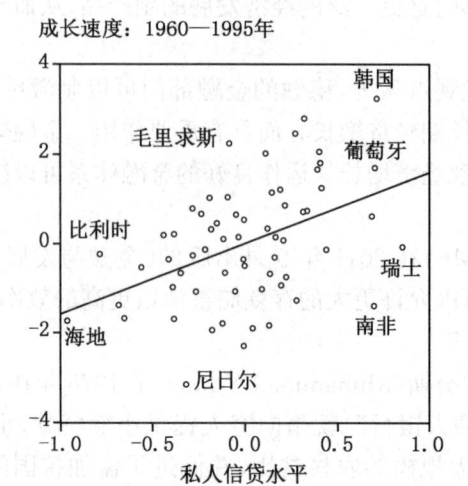

图 6.2　金融发展对经济增长影响的回归结果

表 6.1　衡量金融发展的代理变量

变量	金融机构	金融市场
深度	私人部门信贷占比 GDP 金融机构资产与 GDP 之比 货币量（M2 总和）占比 GDP 存款占比 GDP 金融部门对 GDP 的增加值	股票市值加上未偿国内私人债务证券与 GDP 之比 私人债务证券与 GDP 之比 公共债务证券与 GDP 之比 国际债务证券与 GDP 之比 股票市值与 GDP 之比 股票交易量与 GDP 之比
准入权	每一千个成人所有的账户（商业银行） 商业银行分支机构（每 10 万成年人） 拥有账户银行的人的百分比（用户调查） 拥有信贷额度的公司的百分比（所有公司） 拥有信贷额度的公司的百分比（小公司）	前十大公司以外的市值百分比 前十大交易公司以外的交易价值百分比 政府债券收益（三个月到十年） 国内债务证券占总债务证券的比率 私人债务证券占总债务证券的比率（国内） 新发行的公司债券占 GDP 的比率
效率	净息差 借贷存款差价 非利息收入占总收入 间接费用（占总资产的百分比） 盈利能力（资产回报率、股本回报率） 布恩指标器（赫芬达尔或 H 统计量）	股票市场的周转率（周转率/资本化） 价格同步性（协同运动） 价格影响 流动性/交易成本 政府债券的报价买卖价差 证券交易所债券（私人、公共）的交易额 结算效率

续表

变量	金融机构	金融市场
稳定性	标准化分值（默认距离） 资本充足率 资产质量比率 流动性比率 其他（净外汇对资本）	股价指数、国债指数波动率（标准差/平均值） 指数的偏度（股票、价格、主权债券） 市盈率 期间 短期债券占总债券的比率（国内、国际） 与主要债券回报的相关性（德国、美国）

资料来源：根据《2013 年全球金融发展报告》（2012 年 9 月 5 日）、《重新思考国家在金融中的作用》、世界银行相关内容整理。

为了克服代理变量作为单一指标的缺点，IMF 制定了新的综合金融发展指数，涵盖了金融机构和市场的所有四个代理变量。参见图 6.3。

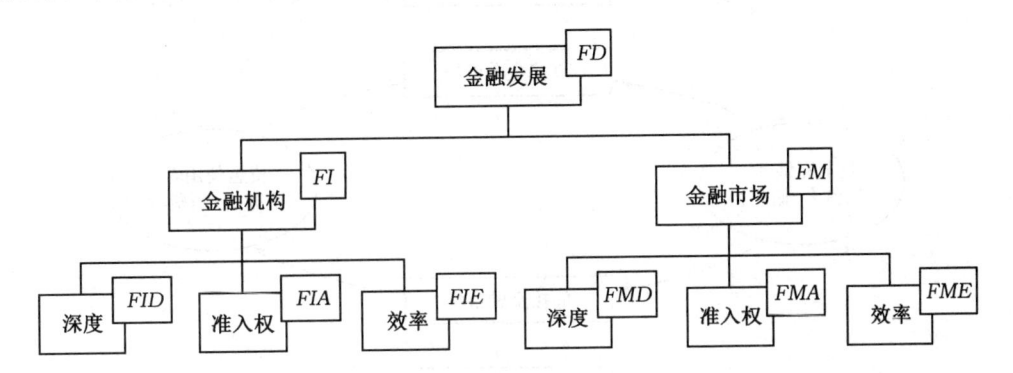

注：金融发展指数涵盖了金融机构和金融市场的所有四个代理变量（深度、准入权、效率和稳定性）

图 6.3 金融发展指数

参考文献/拓展阅读

Beck T, Loayza N V, Ross E L (2000), Financial Intermediation and Growth: Causality and Causes, *Journal of Monetary Economics*, vol. 46, no. 1, pp. 31—77.

6.2 金融系统的功能

金融系统是一个能聚集、分配和交易资金、金融资产和其他金融工具的系统。

学习目标

理解金融系统及其重要功能。

主要内容

要 点

● 金融系统可以在直接和间接金融市场中聚集、分配和交易金融工具。

● 在亚洲金融机构体系中,银行通常处于主导地位,因为它们是最先发展起来的。

金融系统是指金融机构作为代理商或中介机构,在金融市场中使用各种交付渠道来交付多种金融产品和服务的地方。这些金融产品和服务的接收者是需要进行金融交易的市场参与者,例如个人、家庭、商业企业、政府和其他组织。更加成熟的金融系统最终实现了资金、金融资产和工具的有效聚集、分配和交易,从而改善了经济。

金融市场大致可分为直接金融市场和间接金融市场。间接金融市场是借款人通过银行等金融中介从储户借钱的过程。直接金融市场是借款人直接向作为投资者的储户发行债券或股票等证券的地方。例如,在首次公开募股(IPO)中,以设定的初始价格将证券出售给公众(此过程为金融去中介化)。请参见图6.4。

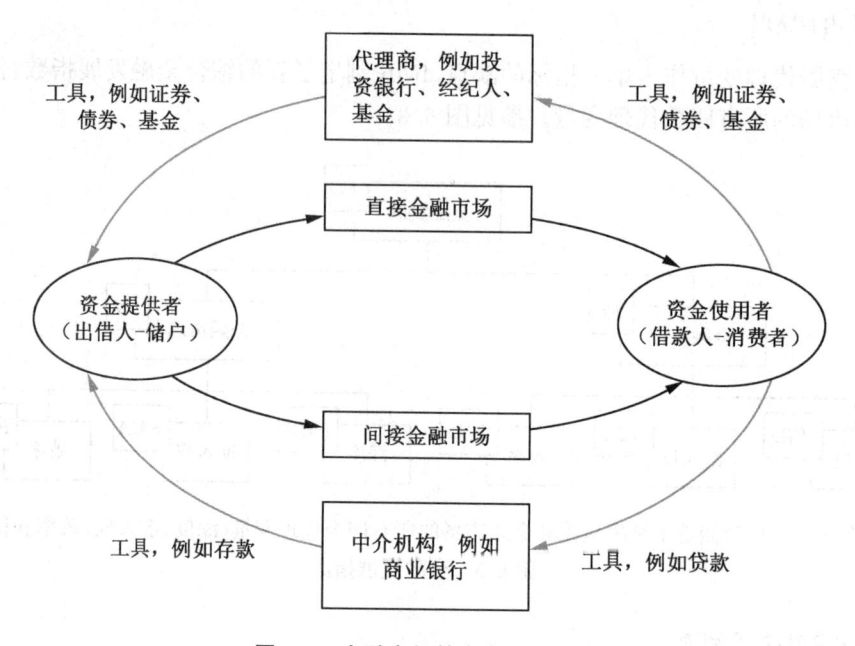

图 6.4 金融市场的中介与去中介

最发达和新兴的亚洲市场通常是由银行主导金融体系。不像美国,股票和债券市场扮演着更大的角色。

以金融资产总额(包括银行信贷、债券和股票的金额)占国内生产总值(GDP)的百分比为标准,在亚洲,金融高度发达(超过300%)的国家和地区包括中国香港、韩国、日本、新加坡;金融发展水平处于中等水平(100%～300%)的国家和地区包括中国、印度、印度尼西亚、马来西亚、菲律宾、泰国、越南;其余国家的金融发展水平较低(> 100%)。请参见表6.2。

表 6.2　　　　　　　　　　2015 年亚洲金融资产总额占 GDP 的百分比

国家/地区	贷　款	债　券	股　票	合　计
孟加拉国	41.0	N/A	24.9	65.9

续表

国家/地区	贷 款	债 券	股 票	合 计
文莱	40.1	N/A	0.0	40.1
柬埔寨	56.5	N/A	N/A	56.5
中国	140.4	62.6	64.1	267.1
中国香港	212.2	N/A	1 029.1	1 241.3
印度	50.2	32.4	71.5	154.1
印度尼西亚	31.5	24.6	71.5	127.6
日本	102.5	208.1	85.9	396.5
韩国	136.6	146.3	99.8	382.7
老挝	18.9	N/A	N/A	18.9
马来西亚	119.6	108.7	26.3	254.6
蒙古	55.2	N/A	24.9	80.1
缅甸	16.0	N/A	4.0	20.0
尼泊尔	56.7	N/A	26.5	83.2
巴基斯坦	14.9	35.8	27.1	77.8
菲律宾	39.5	50.5	25.2	115.2
新加坡	127.9	97.5	88.4	313.8
斯里兰卡	27.5	11.5	29.3	68.3
泰国	114.6	77.7	97.7	290.0
越南	102.8	24.2	53.6	180.6

注意：银行信贷是由银行存款对 GDP 的比率以及银行信贷对银行存款的比率得出的；老挝为 2010 年的 PDR 数据；N/A＝不可用。

在亚洲金融市场中，银行的主导地位是以许多国家股票和债券市场发展不足为代价的。短期负债限制了银行为长期投资筹集资金的能力。作为快速发展的地区之一，亚洲金融市场应进一步发展，为长期投资提供充足稳定的资金，并为创新和企业家精神提供风险资本。请参见图 6.5。

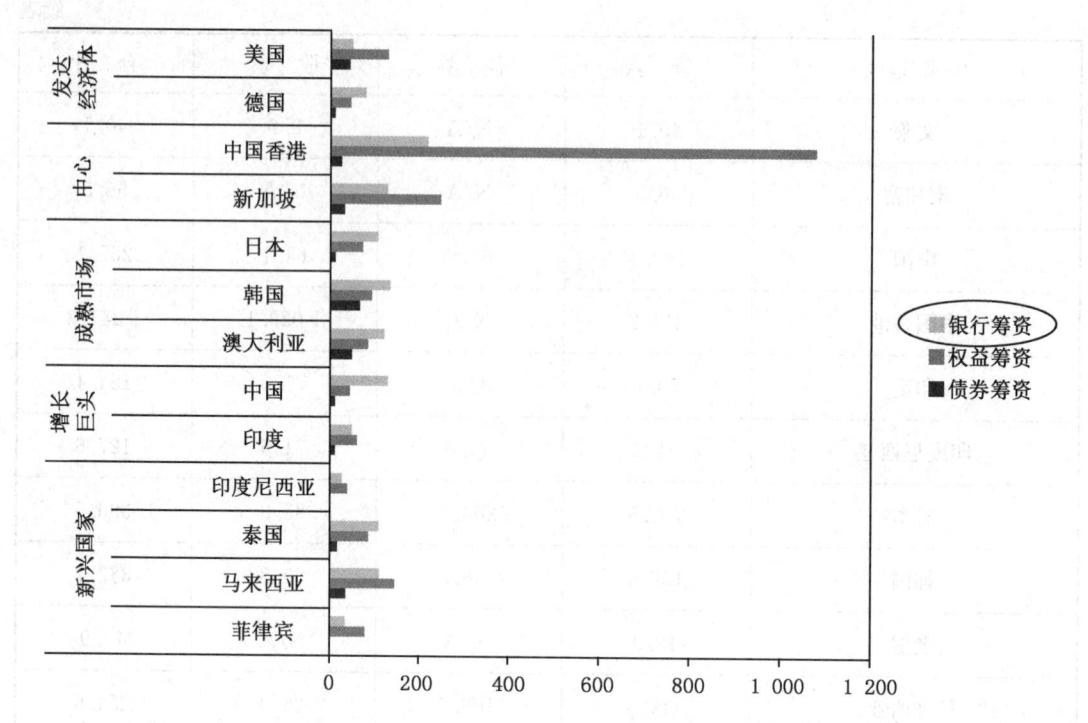

资料来源：根据联合国亚洲及太平洋经济社会委员会（2017年4月）、《亚洲及太平洋财务状况》、第四次亚洲及太平洋发展筹资问题高层对话的背景文件整理。

图 6.5　2014 年所有资金结构占 GDP 的百分比

6.3　金融自由化和深化

6.3.1　金融抑制

20 世纪 60 年代至 70 年代，金融抑制使许多欠发达国家受阻。

学习目标

了解金融抑制的表现方式及其特征。

主要内容

要　点

- 金融抑制包括政府的定向贷款、利率上限、跨国资本流动的监管以及政府与银行之间的紧密联系。
- 如今，政府干预货币和利率政策或限制金融服务的行为被视为金融抑制行为。

罗纳德·麦金农和爱德华·肖在 1973 年发表的一项名为"经济发展中的货币和资本"的开创性研究中，首先解释了金融抑制的概念。麦金农和肖认为，历史上许多国家，包括发达国家,特别是发展中国家,都通过政府干预和法律法规限制了金融领域的竞争。根据他们的论点,受到压制的金融部门不鼓励储蓄和投资,因为回报率低于在竞争市场所能获得的回报率。在这样的系统里,金融中介无法充分发挥作用,也无法有效地将储蓄用于投资,从而阻碍了整个经济体系的发展。

金融抑制是指这样的概念,即一系列政府法规、法律和其他非市场限制阻止经济体的金融中介机构充分发挥作用。金融抑制行为包括利率上限、流动性比率要求、银行准备金的高要求、资本控制、金融部门市场准入的限制、信贷上限或者对信贷分配方向的限制以及政府对银行的所有权控制。

金融抑制在金融市场上所表现出的一些特征包括:
(1)大规模且占主导地位的国有银行部门;
(2)非银行部门,即不发达或不够发达的直接金融市场;
(3)企业主要依靠自筹资金或从国有银行获得贷款(如果它们完全可以得到贷款);
(4)除银行存款外,一般来说,公共投资产品缺乏;
(5)由于缺乏竞争而导致银行的效率低下和服务水平差;
(6)影子银行出现并蓬勃发展,这种银行不受监管控制,甚至会进行非法的集资和融资活动;
(7)市场力量无法确定诸如利率和汇率之类的金融变量的价格。结果,双重定价并不少见,即官方定价和非官方定价或黑市利率。

6.3.2 金融自由与深化

金融自由化导致金融深化和金融创新,这是金融发展的两个基本要素。

学习目标

阐述一些金融深化的衡量标准。
理解金融深化可能并不总是有利于经济。

主要内容

要　点

- 尽管大多数新兴市场经济体的金融深度一直在增长,但其深度仍然很低。
- 国际货币基金组织一项针对"金融过多"效应的研究表明,金融发展与增长之间的关系呈边际式下降。该研究指出,如果金融发展太快,则可能需要冒更大的风险。因此要重视发展健全制度和监管框架。
- 麦肯锡全球研究所的另一项研究将2008年的全球金融危机归因于股票市场泡沫以及金融机构债务与杠杆借贷的不可持续增长,这些通过非生产性金融交易扩大了金融深度。

重点名词

- 金融自由化(Financial Liberalization)被定义为取消对金融市场和机构的政府干预和限制,以允许金融深化和创新,从而促进经济增长。

- 金融深化(Financial Deepening)：指增加能够提供的金融服务，并提供面向所有社会阶层的更广泛的服务选择。金融深化的程度被称为"金融深度"，它通过某种方式反映了金融部门相对于整个经济的体量。

金融自由化被定义为取消对金融市场和机构的政府干预和限制，例如银行利率上限、强制的高准备金要求、市场准入限制（尤其是对外国金融中介机构的限制）和信贷分配决定等。金融自由化会引起国有银行私有化，通过引入货币在资本账户上的可兑换性（即资本账户自由化），可改善审慎监管，促进股票市场和债券市场发展。

对金融机构，"金融深度"的常见衡量方式包括：

(1)私人部门信贷占国内生产总值的比重，指的是银行对实体部门的国内私人信贷占当地货币 GDP 的百分比。它不包括由政府、政府机构和公共企业以及由中央银行发行的信贷。

(2)银行总资产占国内生产总值的比重，这是一个对规模更全面的测算，因为其中包括针对私营部门、政府的信贷以及信贷以外的银行资产。

国际货币基金组织的一项研究揭示了"金融过多"效应。

金融发展促进了增长，但是当较高水平的金融发展时，这种影响会变弱，最终变成负相关。这项观察可以归因于金融深化，即过多的金融而不是更高的财务准入或更高的财务效率。

(1)过多金融会增加经济繁荣和萧条的概率，并最终使各国经济情况恶化，造成实际 GDP 增长放缓。

(2)过多金融使人才和人力资本从生产部门转移到金融部门。

(3)大量的金融部门可能特别容易产生道德风险和抽租，从而导致资源的不合理分配。

如果金融发展得太快，就可能会鼓励更高风险的投资和更高的杠杆借贷，且又会由于这部分监管不力而导致经济和金融的不稳定。

因此，随着金融发展的进行，建立良好的制度与监管框架是很重要的。

麦肯锡全球研究所的报告显示，金融深度的增加也可能是由于资产价格泡沫或债务和杠杆率的不可持续增长。将资产和债券占 GDP 的百分比作为衡量方式，1995 年至 2007 年（2008 年全球金融危机之前）的金融深度增加主要归因于以下三个方面：

(1)金融部门占 37%，主要是金融机构为借贷和购买金融资产而发行债券和其他债务证券，因此这些机构的杠杆增加了。

(2)股票市场中估值上升的占 25%，主要是由于投资者的高期望与市场的低利率。

(3)家庭和非金融公司的融资占 28%，主要是由于在房地产泡沫时期美国、英国、西班牙等几个大国的抵押贷款增加。

以上表明，金融深度的标准量化度量可能并不完美，因为没有考虑金融深度的质量，例如金融系统将资源配置到效用最大的用途上。

参考文献/拓展阅读

[1]IMF Staff Discussion Note(May 2015), Rethinking Financial Deepening: Stability and Growth in Emerging Markets.

[2]McKinsey Global Institute(March 2013), Financial Globalization: Retreat or reset.

6.4 金融创新

金融创新涉及创造和普及新的金融工具、技术、机构、市场、流程和商业模式,从而促进有利的金融发展。

学习目标
理解金融创新的动机以及金融创新所包含的内容。
意识到对于金融创新是否有益有不同的观点。

主要内容

要　点
- 金融创新的动机是全球化和资本流动、金融法规和税收、风险管理以及技术进步。
- 金融创新包括机构创新、产品(或技术)创新和流程创新。
- 成功的金融服务创新可以提高资本生产力,对整个经济产生有益影响,而失败和过度的创新可能会破坏金融服务并损害经济。
- 金融公司的自治机制以及金融监管机构的管理和监督对确保金融创新的积极效果至关重要。

重点名词
- 金融创新(Financial Innovation):创造并普及新的金融工具、技术、机构、市场、流程和商业模式的行为。

金融创新的动机包括以下几点:

(1)全球化和资本流动性。这将增加金融公司之间的竞争,以满足客户对更高效服务需求的更高期望,因为他们面临着全球化和资本带来的新风险,他们越来越愿意在全球范围内寻求更高的回报。

(2)金融法规和税收。这将激励金融公司进行创新,通过规避法规的方式来降低合规成本或避免税收,从而获得更高的回报。

(3)风险管理。金融自由化或变化的经济状况导致的金融市场波动推动了风险管理产品和转移分担风险的技术创新。

(4)技术进步。诸如云计算、大数据、分布式分类账和人工智能等新兴技术的进步,改变或革新了金融公司开展业务的方式。

金融创新包括以下几点:

(1)机构创新涉及创建新型金融公司或机构,例如互联网银行、阿里巴巴的蚂蚁金融服务集团。

(2)产品(或技术)创新涉及研发新产品,例如蚂蚁金服的余额宝、信用违约掉期、碳交易、寿命掉期、灾难性和天气衍生产品、伊斯兰债券(Sukuk)、CDO 和各种付款产品(谷歌电子钱包、支付宝等)或融资技术创新(如证券化)。

(3)流程创新涉及开展金融业务的新模式,包括生物特征面部或语音识别、移动银行应用程序、黑池、高频交易和算法交易。

金融服务的成功创新可以提高资本生产力,并在整个经济中产生有益的影响。

失败和过度的创新可能产生相反的效果。过度创新的一个例子是被称为 CDO^2 和 CDO^3 的复杂合成证券,这类证券的底层资产与低质量的抵押贷款有关,部分导致了 2008 年全球金融危机。金融服务和公司与经济的其他部分之间的高度联系也加剧了危机。

金融公司的新产品批准、风险管理流程和薪酬政策等公司治理机制,以及金融监管机构的监管和监督,在合理引导创新方面发挥着至关重要的作用,从而使整个经济和社会可以享受创新带来的好处,同时将负面结果的影响保持在最低水平。

6.5 金融市场趋势

6.5.1 全球金融市场

联合国经济和社会事务部倡导的金融技术(Fintech)的兴起和更多对可持续发展目标的意识正在推动金融市场的变化,尤其是在全球金融危机之后促进了竞争和创新。

学习目标

理解金融科技推动的转型以及新兴的融资和投资形式,例如由可持续发展目标的更高意识驱动的"普惠金融""社会责任投资"和"影响力投资"等。

主要内容

要 点

- 技术改变了金融服务,使其更加高效、更低成本,并给消费者带来便利。金融科技降低了新进入者准入金融部门的门槛。
- 由于在全球金融危机中吸取了高级管理人员贪婪无度的教训,人们对银行有了更多的了解,并要求银行承担更多的社会责任。数字、移动技术以及金融科技的及时到来为推动"普惠金融"和"共享经济"提供了动力,使更广泛的人口受益。
- 普惠金融专注扩大对穷人、弱势群体和"服务不足"人群的服务。
- 由于对可持续发展目标的意识增强,促进可持续金融的新兴运动出现了,其中包括"社会责任投资""影响力投资"和"绿色金融"等。此类金融投资将环境、社会和公司治理(ESG)方面的标准整合到了金融服务中,以实现可持续发展,包括减轻和适应气候变化的不利影响,从而为整个社会带来持久利益。

数字技术和金融科技的兴起,向传统金融机构施加了压力,要求它们提高竞争并压缩利润。随着电信公司和科技公司涌入银行业,金融科技对银行业的破坏加大。例如,中国的互联网银行如腾讯控股的 WeBank 和蚂蚁金服的 MyBank;美国的亚马逊银行也可能很快出现。

在财富管理中,像 Wealthfront、Betterment 和 Nutmeg 这样的"机器人顾问"能够自动化全套财富管理服务,包括资产分配、投资建议,甚至是复杂的减税策略,这些都是通过在线门户网站向客户提供的,服务费用比传统的财富管理公司低。

世界上越来越多的国家热衷于让非银行实体提供金融服务。电信公司就被视为一种从金融服务自由化中受益的非银行业部门,又因其被视为老牌公司,深受信赖,可以挖掘自身订户基础从而覆盖支付和信贷服务。而最近三年发生的新冠疫情(COVID-19)正是数字银行业务的最大推动力。

监管机构正在逐步接纳非银行实体的想法,例如定位在银行和客户之间的电信公司和科技公司捕捉客户关系这一方面。中国香港地区和新加坡正在向非银行参与者(如电信公司和科技公司)颁发虚拟银行牌照。

银行本身也在接纳捕捉数字技术的价值来和新的参与者竞争,具体表现为:

(1)利用在线互动、支付解决方案、移动功能等增强与客户的联系,增加社交媒体中银行品牌的曝光。

(2)利用大数据、高级分析和人工智能进行销售、产品设计和定价等,以提供出色的客户体验并推动收入增长。

(3)通过一站式处理来创造价值,也就是说将许多重复的、低价值的、低风险的流程自动化和数字化。例如,一站式应用程序能够提高生产率并便于合规,成像技术和直通式处理的应用则可以帮助其实现无纸化和更高效的工作流。

(4)采用促进跨产品和商业模式的创新,例如社交营销和众包支持以及以数字为中心的商业模式。

普惠金融关注的是向贫困、弱势群体和"服务不足"的人群提供服务。移动技术和金融科技为收取存款、汇款以及小额信贷创造了新机会。

【示例】
- M-PESA:肯尼亚的一种可经由手机进行汇款、融资和小额贷款的移动支付服务;
- Aadhaar(印度的数字身份);
- 统一付款界面(印度银行之间的直接汇款);
- India Stack 可存储个人数据,方便 KYC 并允许对文档进行数字签名。

有社会责任感以及可持续的投资意识与"绿色"或道德投资策略紧密相关。它采取一种被动、间接的方式使社会受益。例如,"赤道原则"是金融行业决策、评估和管理项目融资中的环境和社会风险的基准,从而支持负责任的风险决策。财富管理行业的一个行业基准——"联合国负责任投资原则"将环境、社会和公司治理因素(ESG)纳入投资决策中。新加坡银行协会(ABS)也在 2015 年发布了有关承担社会责任的融资指南,以提高可持续金融的门槛。

影响力金融是一种同时追求财务回报和可计量的社会、环境效益的投资活动,例如清洁能源投资、小额信贷等。它采取更积极的方式使社会受益,并具有清晰的衡量矩阵。例如,在"影响力投资交易所(IIX)"中,新加坡为亚洲的社会企业提供了获得资本来扩大影响力的途径。

6.5.2 亚洲金融市场

由于全球金融市场的上述趋势以及亚洲国家不断变化的经济战略和人口结构,亚洲金融市场出现了新的机遇。

学习目标

了解亚洲金融市场的新机遇。

主要内容

要 点

- 许多亚洲国家需要从依赖全球增长的出口型经济过渡到由国内消费和投资支出促进的经济增长。
- 需要增加基础设施和退休融资以应对城市化和人口老龄化。
- 除日本以外,亚洲的可持续投资仅占全球 AUM 的 0.8%。但是,诸如政府养老基金和主权财富基金之类的活动正积极布局实施,这极大地推动了 ESG 在整个亚洲的投资。
- 亚洲富裕的中产阶级崛起为消费金融和财富管理领域的金融服务提供了机遇。
- 在家族办公室中,私人银行客户对具有社会影响力的投资越来越感兴趣。私募股权和风险投资公司也进行了相关"影响力投资",投资原因包括来自投资者的压力和声誉等原因。

许多亚洲国家需要从依赖全球增长的出口型经济过渡到由国内消费和投资支出促进的经济增长,尤其是考虑到美国和欧洲国家最近的反全球化情绪、中美贸易摩擦以及最近三年的新冠疫情。

许多亚洲国家的基础设施欠发达,需要大量投资来适应城市化的步伐以及人口老龄化,从而实现内部增长。

根据亚洲开发银行(ADB)的估计,2009 年亚太地区各经济体的基础设施赤字高达 8 万亿美元,这需要在 2010 年至 2020 年间进行支出。除中国外,2010 年至 2013 年亚太地区基础设施计划几乎没有实施。为了维持增长水平,普华永道(PWC)曾在 2014 年估计,到 2020 年前每年将需要向基础设施项目注入 8 000 亿美元至 1.3 万亿美元。细目如表 6.3 所示。

图 6.3 基础设施细分项目

部　门	兆亿美元
电信	1.1
交通-道路	2.3
交通-铁路	0.05
交通-其他	0.1
发电	4.1
水和卫生环境	0.4
总计	8.05

资料来源:根据普华永道(2014)、《发展亚太地区的基础设施:前景、挑战和解决方案》相关内容整理。

在另一项估算中，亚洲开发银行预测，到2030年，亚洲每年需要1.7万亿美元的基础设施投资来维持增长。

扩大内需是亚洲各国政府的首要政策目标。许多亚洲国家需要从以出口为基础的经济过渡到由国内消费和投资支出促进的经济增长。

亚洲消费者的增长可能会成为全球经济的下一个大趋势，并有可能不断扩大消费，成为新的增长引擎。

到2030年，全球中产阶级的2/3将是亚太地区的居民（参见表6.4），而欧洲在这一人口中的份额将下降14%。中产阶级的出现将打开金融服务的机会——消费金融和财富管理。

表6.4 按地区划分的中产阶级规模　　　　　　　　　　　　单位：亿人

地　区	2009年		2020年		2030年	
北美洲	3.38	18%	3.33	10%	3.22	7%
欧洲	6.64	36%	7.03	22%	6.80	14%
中南美洲	1.81	10%	2.51	8%	3.13	6%
亚太地区	5.25	28%	17.40	54%	32.28	66%
撒哈拉以南非洲地区	0.32	2%	0.57	2%	1.07	2%
中东和北非地区	1.05	6%	1.65	5%	2.34	5%
世界	18.45	100%	32.49	100%	48.84	100%

资料来源：Kharas H and Wolfensohn G G(2010), The New Global Middle Class: A Cross-Over from West to East, Center for Development at Brookings.

除日本外，亚洲的可持续投资仅占全球资产管理规模（AUM）的0.8%。但是，诸如政府养老基金和主权财富基金之类的活动正积极布局实施，极大地推动了环境、社会和公司治理（ESG）在整个亚洲的投资。新加坡、中国香港、马来西亚和泰国的证券交易所已要求上市公司提供可持续发展报告。银行逐渐将ESG风险作为评估的一部分纳入融资建议。此外，政府也在为绿色和可持续债券及其他融资计划提供财政激励措施。

新加坡有关ESG贷款的案例研究如下：

案例1： 2018年3月，淡马锡控股有限公司控股的奥兰国际（Olam）获得了亚洲第一笔与可持续发展相关的俱乐部贷款，这是一笔5亿美元的循环信贷额度。星展银行（DBS Bank）是贷方之一。

案例2： 2018年6月，华侨银行（OCBC）与丰益国际（Wilmar International）签署了一项交易，将该农业综合企业巨头的2亿美元循环信贷额度的利率与可持续发展绩效挂钩。

Olam和Wilmar都致力于实现各种ESG指标的预设目标。如果实现，则贷款利息将减少。晨星（Sustainalytics）公司将作为独立的部门对上述指标进行评估。

在家族办公室中，私人银行客户对具有社会影响力的投资的兴趣与日俱增。正如贝恩公司的报告所指出，投资者的不满意已经成为基金客户的警觉信号。施罗德公司在2019年对25 000名投资者进行的一项投资调查发现，71岁以下的投资者中有超过60%认为所有的投资基金在进行投资时都必须考虑可持续性因素。

参考文献/拓展阅读

[1] Bain and Company(2020),Global Private Equity Report 2020,Section 2.2,Retrieved from https://www.bain.com/insights/esg-investing-global-private-equity-report-2020/.

[2] Olam Press Release(26 March 2018),Olam International secure Asia's first sustainability-linked club loan facility of US $500 million, Retrieved from https://www.olamgroup.com/news/all-news/press-release/asias-first-sustainability-linked-club-loan-facility-us500million.html.

[3] OCBC and Wilmar Media Release(8 June 2018),OCBC Bank Partners Wilmar on Largest Sustainability-Link Bilateral Loan by a Singapore Bank,Retrieved from https://www.wilmar-international.com/docs/default-source/default-document-library/sustainability/resource/WIL_News_Release_dd8June2018_OCBC_Sustainability-Linked_Bilateral_Loan.

练习题

习题1
如果商业银行作为您金融交易的中介,那么下列被视为金融中介功能的是(　　)。
①接受存款,以满足您的储蓄需求
②代您收取出口销售收益,并通过跟单贸易信用证向您提供与出口相关的融资
③承销、出售您公司的 IPO 股份
④向您提供贷款以满足您的融资需求
A. ①④　　　　　　B. ①②④　　　　　　C. ①②③④

习题2
下列不属于金融抑制的迹象和特征的是(　　)。
①国有银行主导着国家的金融市场
②地下放贷活动猖獗
③私营部门的一些银行很好地满足了中小企业的需求
④除银行存款和投资计划外,直接金融市场还为投资者提供了多种投资产品
A. ①②　　　　　　B. ③④　　　　　　C. ①②③④

习题3
下列说法正确的是(　　)。

A. 商业银行等中介机构通常具有更大的资产负债表,因为它们具有存款和贷款的功能;像投资银行等中介机构通常资产负债表较小,因为它们主要提供公司财务咨询服务,并帮助公司客户进行证券上市和交易

B. 利息收入通常是直接金融市场中代理商的最大收入项目,手续费收入通常是间接金融市场中中介人的最大收入项目

C. 间接金融市场中的中介机构主要提供财务咨询服务,如公司并购中的估值;直接金融市场中的代理商主要吸收存款并向客户贷款

参考答案

习题 1

答案：选项 B 正确。

在直接金融市场上，承销和出售您公司的 IPO 股份是由投资银行家或股票经纪人操作的。

习题 2

答案：选项 B 正确。

③④通常是直接金融市场蓬勃发展的标志，反映的是金融自由化而非金融抑制。

习题 3

答案：选项 A 正确。

公司财务咨询服务以及帮助公司客户进行证券上市和交易等活动是不需要资金流向投资银行的资产负债表的。

第7章 中央银行与货币政策

7.1 货币的职能

根据维基百科,货币是指在特定国家被广泛接受为支付商品与服务以及偿还债务的任何物品或可验证的记录。

学习目标

了解货币的职能。

主要内容

要　点
- 货币可以是充当价值尺度、流通手段、贮藏手段的任何物品。
- 货币从古时候的农业商品,如黄金、白银和其他金属,演变为纸币、信用卡、电子现金,乃至如今的加密货币。

重点名词
- 价值尺度(Unit of Account):提供共同的价格基准。
- 流通手段(Medium of Exchange):是人们可用于买卖商品与服务的物品。
- 贮藏手段(Store of Value):人们可以保存起来之后再使用,随着时间与地点使得购买顺畅。
- 不兑现货币/法定货币(Fiat Currency):政府法规宣布为法定货币的货币,不受实体商品与其他资产的支持。这个术语来源于拉丁语单词"Fiat",用于命令或法令。
- 法定货币(Legal Tender):是一种被法律体系认可的、对偿还债务有效的支付媒介。纸币和硬币是许多国家常见的法定货币形式。
- 加密货币(Cryptocurrency):是一种由加密技术保护而几乎无法伪造或双重支付的数字或虚拟货币。许多加密货币是基于区块链技术——一种由不同计算机网络支持的分布式账本设计的。

7.2 货币制度

7.2.1 货币体系

货币体系被定义为一套政策、框架和制度,中央银行通过这些制度提供货币并控制国家经济中的货币交换。

学习目标

了解国际货币以及国际货币需要满足的必要条件。
了解货币体系——布雷顿森林体系和牙买加协议以及它们创建的原因。

主要内容

要 点
- 国际货币是国家之间用于跨境贸易与投资的货币。
- 国际货币需要满足四个条件:可自由兑换且广泛流通、经济规模可观且与世界经济紧密联系、强大且稳定的价值以及发达的金融市场。

国际货币是国家之间用于跨境贸易与投资的货币。例如,当中国(以人民币为货币)从沙特阿拉伯(以里亚尔为货币)购买石油时,中国不用人民币或里亚尔支付,而是使用美元支付给沙特阿拉伯,美元就是所谓的被用于国际贸易的支付货币。

国际货币需要满足的必要条件如下:

(1)该货币在国际市场中可自由兑换并广泛流通;
(2)拥有规模可观且通过大量贸易和投资与全球经济紧密联系的经济;
(3)货币通常足够强劲而稳定以协助购买力的国际转移与投资目的,拥有大量外汇储备以及强大的机构支持(如法规、中央银行的独立性、良好的治理结构等);
(4)拥有规模客观、有深度且发展完善的金融市场来提供各种投资渠道和良好的流动性。

英国央行前行长马克·卡尼(Mark Carney)力劝道:"某种形式的全球数字货币将比美元这个国家货币更适于作为一种全球支付与储备货币。"他的观点是,美国虽然只占世界贸易的10%和全球GDP的15%,但美元却占世界贸易发票的一半和全球证券发行的2/3。各国被迫囤积美元以防范潜在的资本外逃,从而导致储蓄过剩和全球增长放缓。他认为,相比于让美元的储备货币地位被另一种国家货币(如中国的人民币)取代,某种类似于脸书(Facebook)推出的Libra的全球数字货币将是一个更好的选择。

7.2.2 布雷顿森林协定

主要内容

要 点
- 布雷顿森林协定旨在第二次世界大战后通过建立一套规则、两大机构和配套措施来管理国际货币体系,以保持汇率稳定。

重点名词
- 金本位制(Gold Standard):是一种一国货币或纸币价值直接与黄金挂钩的货币制度。在金本位制下,各国同意将纸币兑换成固定数量的黄金。

布雷顿森林协定于1944年7月签署,从此建立了一套规范国际货币制度的规则、两大机构和配套措施。通过该协定建立了国际货币基金组织(IMF)和国际复兴开发银行(IBRD),这两家机构现在是世界银行集团的一部分。

汇率稳定是布雷顿森林协定签署的首要目标。所有货币都与美元挂钩,并维持固定汇率在可能的正负1%波动区间内;反过来,美元与黄金挂钩,1盎司黄金=35美元(金本位)。在当时,美国控制着全球75%的黄金储备。

20世纪60年代,美国政府为支付越南战争与国内社会福利的巨额开支而过度印钞,从而面临着由此带来的通货膨胀问题。其他国家担心美元贬值,于是要求用美元兑换黄金。

1971年8月15日,由于黄金储备的萎缩,美国单方面终止了美元与黄金的兑换,实质终结了布雷顿森林体系,并使美元成为不兑换货币/法定货币("尼克松冲击"),终结了基于金本位的货币制度。

7.2.3 牙买加协定

主要内容

要 点
- 牙买加协定使浮动汇率合法化。

主要术语
- 美元本位制(USD Standard):在金本位制垮台后,美元被认作基准货币,成为全球贸易中最常用的货币。许多国家将美元作为官方货币使用,也有国家将美元作为非官方货币与自己的货币一同使用。

1976年1月达成的"牙买加协定"使浮动汇率合法化。成员国可以自由选择其汇率制度,可以是自由浮动、管理浮动,也可以与一种货币或一组货币挂钩,不再与黄金挂钩。

由于美国的经济和军事实力,美元在第二次世界大战后仍被作为国际储备货币所持有。因此,美元本位制正在实践中。例如,在所有已知的央行外汇储备中,约64%是以美元结算的;85%的外汇交易涉及美元[①];52%的国际贸易以美元结算[②]。

7.3 中央银行的职能

中央银行、储备银行或货币当局是管理国家或正式货币联盟的货币、货币供应与利率并对商业银行进行监管的机构。

学习目标

了解中央银行的主要职能。

中央银行有六个主要职能:
(1)发行纸币。
(2)作为商业银行的银行。
- 征收并管理存款准备金。
- 作为银行的"最后贷款人",通常针对高质量抵押品。
- 管理当地货币支付的清算系统。
(3)作为政府的银行。
- 政府在中央银行的现金账户内存有现金结余,而中央银行代表政府接受收据并进行支付。
- 代理发行政府国库券、债券。
(4)制定并执行货币政策。
(5)持有并管理官方外汇储备。
(6)监管金融行业。
- 负责与整体金融稳定有关的宏观审慎监管。
- 负责与个别金融机构的安全和稳健有关的微观审慎监管。

注意: 此点因国家而异,且并非央行职责的一部分。例如,中国银行保险监督管理委员会(CBIRC)和中国证券监督管理委员会(CSRC)、日本金融厅(FSA)、印尼金融服务管理局(OJK)负责微观审慎监管,而非由当地中央银行负责。

7.4 货币供给与货币创造

7.4.1 货币供给

货币供给是一国经济在特定时间的货币与其他流动性工具的总存量。

[①] BIS(2016), Triennial Central Bank Survey: Foreign exchange turnover in April 2016, https://www.bis.org/publ/rpfxf16fxt.pdf.
[②] Swift(2014), World wide Currency Usage and Trends, https://www.swift.com/swift-resource/19186/download?language=en.

学习目标

了解货币供给的概念与标准测量。

主要内容

要　点
- 货币供给包括现金、硬币、支票余额、(定期)存款和储蓄账户。
- 货币供给有几种标准测量,即 M_0、M_1、M_2 和 M_3。
- 央行分析经济状况和货币供应情况,制定并执行扩张性或紧缩性的货币政策,以确保经济的价格稳定和健康增长。

重点名词
- 货币供给(Money Supply):一国经济在特定时间的货币与其他流动性工具的总存量。

美国联邦储备委员会(简称美联储)对货币供应的定义为"家庭和企业可以用来支付或作为短期投资持有的一组安全资产"。例如,美元与支票账户和储蓄账户中的余额都包括在许多货币供给的指标中。

由于货币供给影响价格水平、通货膨胀和商业周期,中央银行通过分析货币供给制定扩张性或紧缩性的货币政策。中央银行通过影响经济中流动的货币量和市场利率,以确保货币供给与利率均适于维持价格稳定与经济增长。

不同国家因其金融环境和金融市场发展阶段不同,其货币衡量的标准和分类可能略有不同。但货币供给中的各种货币均普遍按如下分类:

$M_0 =$ 基础货币(又称高能货币或"最狭义的货币")
- 定义为流通中的纸币、硬币和储备现金余额,即银行和其他储蓄机构在中央银行账户上的存款以及银行和储蓄机构保管库中的现金。

$M_1 = M_0 +$ 活期存款(支票账户)
- 货币的狭义定义,强调货币的流通手段职能。

$M_2 = M_1 +$ 定期存款 + 储蓄存款
- 货币的广义定义,除作为流通手段外,还包括其作为贮藏手段的职能。

$M_3 = M_2 +$ 其他短期流动资产
- 也被称为"最广义的货币度量",如可转让存单、货币市场基金、商业票据等。

目前,大多数中央银行都将 M_2 作为制定货币政策的指南来监管。

7.4.2　货币创造

货币创造是银行增加一个国家或一个经济体或货币区域的货币供给的过程。

学习目标

了解货币创造的过程和影响货币乘数的因素。

主要内容

要　点
- 货币供给＝基础货币×货币乘数
- 根据贷款需求,央行使用各种货币政策工具来调整总体货币供给。

重点名词
- 法定存款准备金率(Statutory Deposit Reserve Ratio):是一项中央银行的规定,规定商业银行在中央银行的账户中持有的最低准备金数额。中央银行一般规定的最低存款准备金率不低于商业银行对其客户的存款负债的一定比例。
- 货币乘数(Money Multiplier):实际观察到的货币供应量,通常是 M_2(广义货币)除以 M_0(基础货币或货币基础)。

四个影响货币乘数的因素:
(1)存款准备金率(法定和自愿);
(2)通过提现的方式使现金流出银行系统,出现现金"漏损";
(3)贷款需求;
(4)银行贷款的意愿。

假设企业和家庭的贷款需求强劲,同时银行资金短缺。在这种情况下,央行可以通过各种货币政策工具来增加基础货币,以增加货币供给。

我们从一张 1 000 美元支票的原始存款开始,假定法定存款准备金率为 10%。

货币创造示例

(假设法定存款准备金率为10%)

银行	存款需求增加	法定准备金增加	贷款增加
A	1 000	100	900
B	900	90	810
C	810	81	729
D	729	72.9	656.1
…	…	…	…
合计	10 000	1 000	9 000

> 假设没有现金被取走并且收款人把所有钱存回银行

> 为了最大化货币乘数,经济体内必须允许贷款并且银行都乐意出借

货币乘数 $= \dfrac{1}{r} = 10$ 次

$\Delta D = \dfrac{1}{r} \times \Delta R = 10\,000$

ΔD:存款需求总增长(10 000美元)

ΔR:初始存款的变化(10 000美元)

r:法定存款准备金比率(10%)

注:衍生存款为 9 000 美元,由银行信贷扩张创造。

7.5 货币政策

货币政策是经济政策的需求侧,是指一国中央银行为实现促进经济可持续增长的宏观经济目标而采取的控制货币供给的行动。例如,美国国会在《联邦储备法》(Federal Reserve Act)中规定的目标促进了(1)最大限度就业,这意味着所有想要工作的美国人都得到了有报酬的就业;(2)美国人购买商品和服务的价格稳定。

学习目标

解释货币政策目标。

学习实践中所用货币政策的一些例子,以及它们寻求实现的目标。

主要内容

要　点
- 货币政策目标包括最终目标、中介目标和操作目标。
- 在实践中,货币政策可以有单一的通胀目标、双重目标或多重目标。

重点名词
- 稳定物价(Price Stability):从所有实际目的来看,稳定物价意味着平均价格水平的预期变化足够小且平缓,而不会对企业和家庭的经济决策产生实质性影响。[根据美国联邦储备委员会前主席艾伦·格林斯潘(Alan Greenspan)的说法。]
- 通货膨胀目标(Inflation Targeting):中央银行估计并公布预测或"靶向"通胀率,然后尝试利用利率变化等工具将实际通胀导向该目标。

7.5.1 货币政策目标

最终目标是最终的目标而非操作目标,包含以下几个方面:
(1)稳定物价(指中期价格稳定,即低且稳定的通货膨胀);
(2)充分就业;
(3)经济增长;
(4)国际收支平衡;
(5)其他。

中介目标与最终目标密切相关,通常是监控目标,包含以下几个方面:
(1)货币供给;
(2)利率;
(3)汇率;
(4)其他,如中国除货币供给外,还使用"社会融资总额"。

操作目标直接响应货币政策,并可能发生以下变化:

(1) 货币基础；
(2) 政策利率；
(3) 货币（或一篮子货币）的现货价格；
(4) 法定存款准备金率；
(5) 其他。

诺贝尔经济学奖得主、货币经济学家米尔顿·弗里德曼（Milton Friedman）曾说过一句名言："无论何时何地，通货膨胀始终是一种货币现象。"他认为过度的货币创造会导致通货膨胀。实证研究表明，当货币供给增长超过经济增长率很长一段时间后，通货膨胀通常会加速。

7.5.2 实践中的货币政策目标

有关实践中的货币政策目标请参见表 7.1。

表 7.1　　　　　　　　　　　　　实践中的货币政策目标

目　标	操作目标	例　子
通货膨胀目标： 一定的 CPI 变化率（稳定物价）	利率（政策利率）	新西兰
双重目标： 一定的 CPI 变化率（稳定物价）以及经济增长/充分就业	利率（政策利率）	美国、英国
持续的非通胀性的经济增长（无明确的 CPI 目标）	一定范围内一篮子货币的汇率	新加坡
多重目标： 稳定物价、充分就业、经济增长、国际收支平衡	货币供给	中国

通货膨胀目标制是指中央银行估计并公布一个预测或"靶向"通货膨胀率，然后尝试利用利率变动等工具将实际通货膨胀率导向该目标。大多数发达经济体将 CPI 变动目标定为 2%左右，以此作为稳定物价的指标。例如，新西兰储备银行（1989 年）使用其政策目标协议（PTA）中定义的货币政策。目前 PTA 要求银行将中期平均通胀率控制在 1%到 3%之间。

关于双重目标货币政策的一些例子：英格兰银行的货币政策目标是实现低通胀，并在此基础上支持政府的经济目标，包括经济增长和就业目标；物价稳定解释为政府 2%的通胀目标；在美国，货币政策目标是确保物价稳定和最大限度可持续就业，统称为"双重使命"。

关于多重目标货币政策的例子：中国的目标是物价稳定、就业、GDP 增长和国际收支平衡。然而在实践中，中国人民银行很可能不得不根据特定时期的经济需求，对多项目标进行优先级排序。

维持物价稳定仍是亚洲多数中央银行的主要官方目标。

参考文献/拓展阅读

Jahan S(28 March 2012), Inflation Targeting: Holding the Line, IMF.

7.6 货币政策工具

常规货币政策工具包括一般性工具和针对性工具。

学习目标

了解三种主要的常规货币政策工具、它们寻求达到的效果,以及每种工具的利弊。
学习货币传导机制。
把沟通当作一种政策工具。

主要内容

要　点

- 一般性常规货币政策工具趋于对金融市场产生总体影响。这类工具有三种:法定存款准备金率、再贴现窗口和公开市场操作。
- 针对性常规货币政策工具采用的是更具有针对性和选择性的方法,以控制或扩大可获得的信贷金额,或针对特定行业和群体实行"优惠贷款利率"。
- 与中央银行市场就未来可能的货币政策走向进行的沟通被称为"前瞻性指引"。

7.6.1 一般性常规货币政策工具

法定存款准备金率直接影响银行持有的货币数量,并改变基础货币。

再贴现窗口是指央行的融资渠道。商业银行可以与央行贴现商业票据,或通过可接受的抵押品,如国债和票据,从央行借入短期贷款。从政策角度看,再贴现窗口的重要性在于贴现或短期贷款的利率与条款变化。央行向市场释放信号,称它现在正倾向于扩张性或紧缩性的货币政策立场,从而对市场利率产生影响。

公开市场操作(OMO)是指中央银行直接买卖,或在公开市场上与商业银行达成回购协议和逆回购政府证券。OMO是最重要且最常用的常规货币政策工具,影响货币基础和利率,且通常是货币供给波动的主要原因。通过改变"政策利率",央行执行或表明其货币政策立场的利率信号将通过公开市场操作影响市场利率的变化。

货币政策传导机制如图7.1所示。

美国:联邦基金利率——存款机构(银行和信用合作社)在无抵押的基础上隔夜向其他存款机构贷出准备金余额(由美联储持有以维持准备金率)的利率。

英国:英格兰银行(BoE)支付商业银行与建筑协会持有的准备金余额的官方利率(又称"银行利率")。英格兰银行可以影响商业银行和建筑协会制定的一系列其他借贷利率,从而影响经济支出。

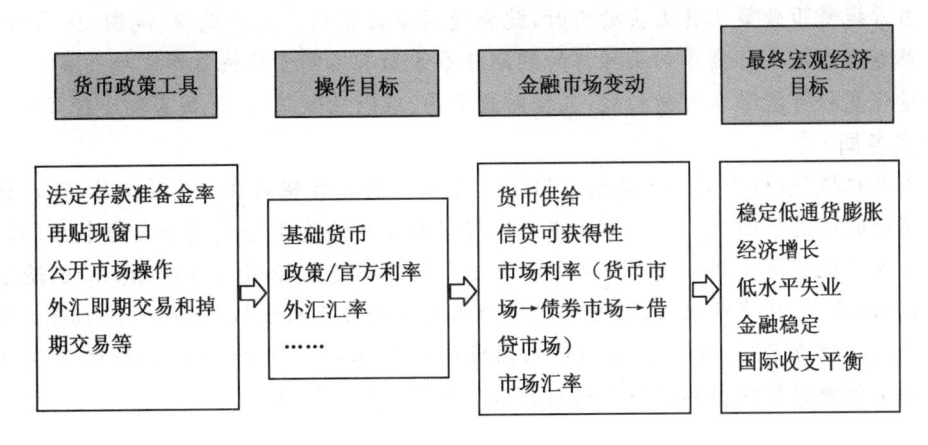

```
货币政策工具        操作目标         金融市场变动      最终宏观经济目标

法定存款准备金率                    货币供给         稳定低通货膨胀
再贴现窗口        基础货币          信贷可获得性      经济增长
公开市场操作  →   政策/官方利率  →  市场利率（货币市 → 低水平失业
外汇即期交易和掉   外汇汇率          场→债券市场→借   金融稳定
期交易等          ……              贷市场）          国际收支平衡
                                  市场汇率
```

图 7.1　货币政策传导机制

7.6.2　沟通作为一种政策工具——前瞻性指引

自 20 世纪 90 年代以来，沟通成为一种政策工具在中央银行显现出明显的趋势，其目的在于提高透明度，并受到以下因素驱动：

(1)越来越多人认识到，货币政策本质上是管理预期。

(2)越来越多通货膨胀目标制的采用，也刺激了透明度方面的进展，以锚定长期通货膨胀预期，这反过来又增加了货币政策短期内稳定产出与就业的有效范围。

许多中央银行定期、频繁地与公众沟通交流经济、经济前景以及未来可能的货币政策路线。关于可能的货币政策路线的沟通被称为"前瞻性指引"。

当中央银行对未来货币政策路线提供前瞻性指引时，个人和企业将利用这些信息做出支出和投资决策。因此，对未来政策的前瞻性指引可以影响当前的金融和经济状况。此外，前瞻性指引提供了央行货币政策的清晰度和透明度，有助于减少不确定性和市场波动性，进而促进市场信心和金融稳定。

7.6.3　非常规工具

量化宽松(QE)是一种非常规货币政策工具，主要针对基础货币，在常规货币政策工具失去效力时使用。

学习目标

了解量化宽松是货币政策中一种非常规工具。

学习量化宽松的工作原理以及与常规货币宽松政策的区别。

了解量化宽松可能带来的挑战或意外后果。

主要内容

要　点

● 量化宽松(QE)是货币政策中的一种非常规工具。

- 当常规货币政策工具失去效力时,就会使用量化宽松。它在规模、范围、交易对手、资产类型以及央行债券购买操作的到期日等方面都不同于传统货币宽松政策。
- 量化宽松可能带来的新挑战,包括财政主导、准财政政策、最终买家和道德风险。

重点名词

- 直升机撒钱(Helicopter Money Drop):这是一种非常规的货币政策工具,可以让萎靡不振的经济重回正轨。它涉及中央银行印刷大量的货币并直接分发给个人、家庭、企业和其他经济主体。美国经济学家米尔顿·弗里德曼(Milton Friedman)创造了这个词语,这里的"直升机撒钱"并不是字面意义上的开飞机撒钱,而是一种比喻。弗里德曼用该词表示"出人意料地向陷入困境的经济体抛予资金,以使其摆脱深度衰退"。这是刺激通货膨胀和经济产出的最后一招货币刺激策略。

当常规货币政策工具失去效力时,就会使用量化宽松(QE)。例如,央行通过从银行购买政府债券、增加银行流动性、降低政策利率或短期利率降至接近零或零水平来执行常规公开市场操作(OMO),但银行对风险是厌恶的,且因担心可能陷入"流动性陷阱"而不放贷,导致经济出现严重的通货紧缩风险。

量化宽松与传统的信贷宽松在规模、范围、交易对手、资产类型、央行债券购买操作的到期日等方面都有所不同。除了在公开市场购买政府证券,央行还可能会大量"印钞"。通过这些印刷的货币随后从银行和私营机构大量买入其他金融资产,如商业贷款、资产支持证券甚至股票,以扩大贷款和投资。中央银行还可能降低其购买资产的长期利率或收益率,例如美联储购买抵押支持证券(MBS)以支持低迷的抵押贷款市场。

图7.2显示,自2008年全球金融危机(GFC)以来,G4采取了前所未有的激进货币宽松计划,促使其中央银行的资产负债表在2007年底至2014年增加了约6.5万亿美元。

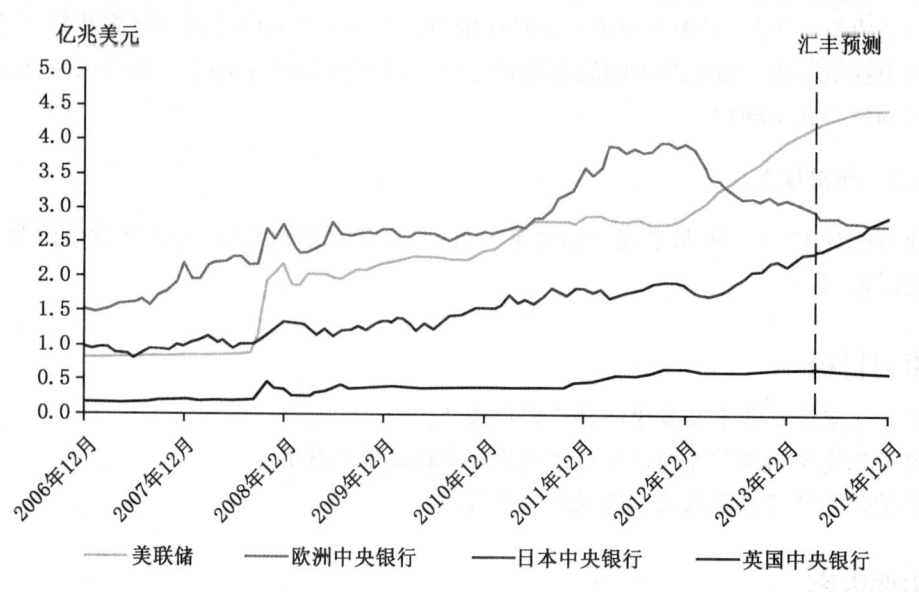

资料来源:根据汇丰全球研究(2014年6月)、《2014年亚洲中央银行指南》相关内容整理。

图7.2 2008年金融危机以来G4中央银行采取的激进货币政策

在全球金融危机期间,美国、英国、日本和欧洲等许多国家都指望中央银行在短期内重振经济,成为加州大学教授巴里·艾森格林(Barry Eichengreen)所称的"最后的决策者",促成这一局面的原因如下:

(1)不同于政治家,非选举产生的央行行长可以在不经国会辩论的情况下迅速采取行动。

(2)一些经济弊病必须通过结构性经济改革加以解决,这需要中长期的努力,且有时实施起来比较困难。

(3)金本位制废除后,各国中央银行(而非政府)可以发行前所未有的大量新货币来刺激经济。

然而人们普遍认为,单靠货币宽松政策不足以解决经济弊病和确保长期持续且健康的经济增长。根据经济弊病的性质,需要采取适当的货币政策、财政政策和经济体制改革政策来共同调整、振兴经济。

此外,实施量化宽松还可能面临以下挑战或意外后果:

(1)财政主导。量化宽松推高了高水平政府债务,这很可能制约央行提高政策利率以控制通胀的能力。较低的利率有助于减轻政府债务的成本。当量化宽松人为压低借贷成本时,也会给政府增加借贷带来的道德风险。

(2)具有分配效应的准财政政策。量化宽松推高了债券、股票等金融资产和房地产等实物资产的价格。分配的可能影响是富人越富、穷人(如低技能工人和无产者)越穷。此外,以全球金融危机期间的美国为例,中央银行从非银行公司如美国国际集团(AIG)、股票经纪人、联邦国民抵押贷款协会(Fannie Mae)、联邦住宅贷款抵押公司(Freddie Mae)等直接购买金融资产,这一行为模糊了货币政策和财政政策之间的界限。

(3)"最终贷款人"。在量化宽松期间,各国央行通过购买高风险金融资产承担了更多的金融风险,偏离了其以政府证券等高质量抵押物贷款的传统"最终贷款人"的角色。中央银行的行为引发了一场潜在争议,即中央银行参与了其所监管的金融市场。

7.7 中央银行的独立性

中央银行需要保持独立性,不受政府的影响。实证研究表明,一个独立运作的中央银行也是一个更有效的中央银行。

学习目标

了解法治国家中央银行必须独立于政府影响的原因、应争取的自主权类型以及保持独立的方法。

思考中央银行的责任,以及其为获取独立性所应做的事情。

主要内容

要　点

● 没有独立性,中央银行可能会受到政客的压力,以牺牲长期物价稳定为代价实施短期扩张性货币政策，或者政客也可能滥用中央银行的印钞能力为预算赤字融资。中央银行需要保持独立性，以便有效、迅速地开展"最终贷款人"业务，应对金融危机。
- 世界各地的中央银行都在努力不受政府影响，因为我们看到政客们一直在发表威胁央行独立性的言论。
- 为了保持独立，中央银行需要确保其在资金方面不依赖政府。中央银行在制定政策时保持透明也是至关重要的。为了使其政策独立性在民主上合法化，央行必须对其行为向公众负责，故而对货币政策作出解释是很重要的。
- 货币政策的目标通常由立法机构确定，但货币政策的实施（或操作）应不受政治影响。

独立于政治家或政府是至关重要的，理由如下：

(1)独立性使货币政策不受政治干预和选举压力的影响，并以牺牲长期物价稳定为代价，为实现短期经济增长推行短期扩张性货币政策。

(2)政客们可能滥用中央银行的印钞权来帮助其弥补预算赤字，从而导致国债货币化。

(3)以物价稳定、最大限度地实现可持续增长和就业为目标，货币政策制定者必须努力引导经济在一段时间内实现与其基本生产能力扩张相一致的增长率。由于货币政策的生效所伴随的时间滞后可能是巨大的，实现这些目标需要货币政策制定者在做决策时采取更长远的眼光。像提高利率这样的反通货膨胀措施可能非常不受欢迎，而对政治家来说，维持这种不受欢迎的承诺是很困难的，因为其效益的出现会比选举周期还需要更长的时间。

(4)为了在危机中做出更迅速有效的反应，中央银行可以独立并迅速开展"最终贷款人"业务的能力至关重要。例如，中央银行必须推迟披露其资金接受者的情况，否则担心出现脆弱性风险的银行将不再借款，导致金融体系的流动性短缺和恐慌长期存在。

区分中央银行的两种独立性（目标独立性和运作独立性）是有必要的。如果中央银行可以自由设定最终货币政策目标，则它具有目标独立性；如果中央银行可以自由选择其工具并决定如何实施货币政策以实现最终目标，则它具有运作独立性。

大多数中央银行都有特定的立法授权，因此并无目标独立性。然而在法治国家，中央银行应该具有运作独立性。运作独立性是指中央银行在可以未经行政机关或立法机关许可的情况下，自主选择和使用货币工具以实现立法机关规定目标的能力。然而，各国在所需目标的特殊性与中央银行在货币政策上的自由裁量权方面存在很大差异。

实证研究支持以下观点：

(1)较独立的央行相比于不独立的央行，往往能达成更好的通货膨胀结果。

(2)将货币政策与短期政治压力隔离开来，有助于促成理想宏观经济结果与金融稳定。

图 7.3 显示，通货膨胀和独立性在不同时间和国家之间始终存在负相关关系。

为保持独立于政治界或政府，中央银行应该采取以下措施：

(1)需要确保"钱袋子"不受政客控制。例如，美联储并非通过国会预算程序获得资金，其收入主要来自通过公开市场操作获得的政府证券利息，在支付开支后，美联储将剩余的收益交给美国财政部。[①]

[①] 摘自美联储《What does it mean to be "independent within the government?"》，检索自 https://www.federalreserve.gov/faqs/about_12799.htm。

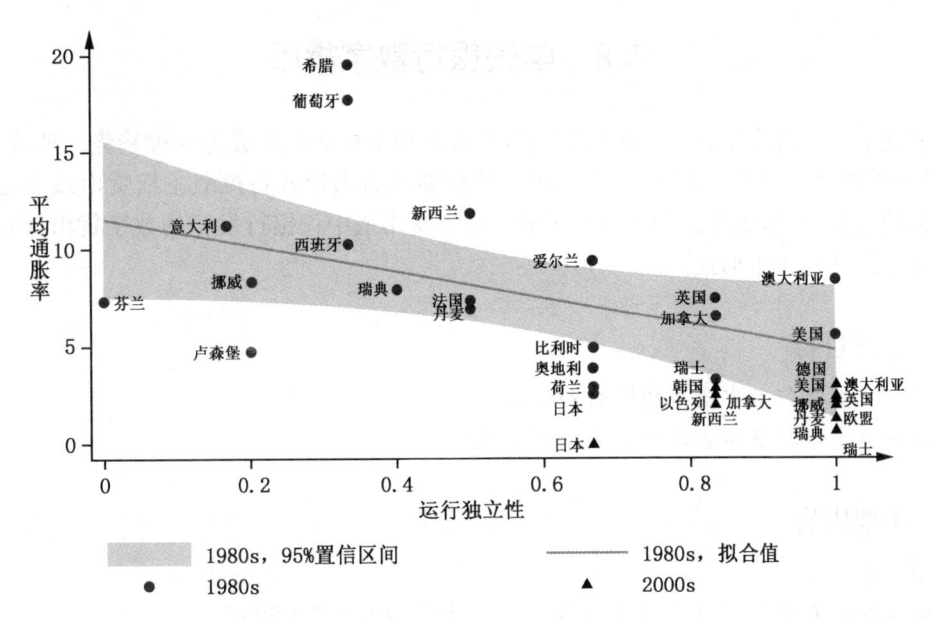

图 7.3 发达经济体的通货膨胀和运作独立性(20 世纪 80 年代和 21 世纪初)

资料来源：Balls E, Howat J and Stansbury A(Nov. 2016), Central Bank Independence Revisited, Harvard Kennedy School Mossavar-Rahmani Center for Business and Government, https://www.hks.harvard.edu/sites/default/files/centers/mrcbg/working.papers/x87-final.pdf.

(2)要使政策独立性在民主上合法化，央行必须对其行为向公众负责，因此"将货币政策带到人民手中"至关重要，即向英国公众解释货币政策。①

央行的独立性需要伴随着问责制和透明度。中央银行应努力实现以下目标：

(1)中央银行必须通过立法对人民负责，就像政府为国家经济福祉对人民负责一样，例如美联储向国会发布货币政策报告，并由美联储主席在国会作证。

(2)货币政策必须与财政政策相协调，形成促进经济运行和稳定的统一方案。

(3)对经济前景和政策战略保持透明，以显示对职权目标的忠诚，这有助于提高央行的责任感。

参考文献/拓展阅读

[1] Bernanke B S(25 May 2010), Central Bank Independence, Transparency and Accountability, The Federal Reserve, https://www.federalreserve.gov/newsevents/speech/bernanke20100525a.htm.

[2] Davies H(25 Oct 2016), Taking Monetary Policy to the People, Project Syndicate, https://economics.utoronto.ca/gindart/2016-10-25%20-%20Taking%20monetary%20policy%20to%20the%20people.pdf.

[3] Mankiw N G(2020), *Principles of Economics* 9th ed, Cengage Learning, pp. 589—637.

---

① "……独立性要求更高程度的问责制和透明度，凭此向公众解释政策。值得赞扬的是，英格兰银行在英国各地举办了一系列公开论坛，展示前进方向。将货币政策送到人民手中是费时的，但为维持保持独立这一政治共识，这也是必不可少的……"

7.8 中央银行数字货币

科技的发展改变了商业、支付系统和货币,无现金社会正在成为一种趋势。随着加密货币、稳定币等数字货币的流行,许多人担心这种新兴货币形式将挑战主权货币或法定货币。在这种情况下,许多中央银行开始着手研究数字货币或中央银行发行的数字货币(CBDCs),本节将介绍这种货币形式。

学习目标

了解中央银行数字货币的概念和设计。
阐述中央银行数字货币相关的利益和风险。

主要内容

要　点

- 根据分布模型,CBDC 可分为批发型 CBDC 和零售型 CBDC。
- 根据不同的信托分类,有三种类型的数字货币:中央银行发行、中央银行授权和非中央银行。
- 发行 CBDC 有各种好处,但也会带来风险。司法管辖区应在启动前谨慎规划并设计模型。

重点名词

- 中央银行数字货币(Central Bank Digital Currency):一种由中央银行发行的数字货币形式或法定货币的数字形式,可以是 CBI 或 CBA。
- 中央银行发行(Central Bank Issued,CBI):一种由中央银行直接发行的数字货币形式,信托分类仅为中央银行,是一种法定货币,为中央银行的直接责任。
- 中央银行授权(Central Bank Authorized,CBA):由中央银行授权但不直接发行,也是法定货币的一种形式。

7.8.1　CBDC 的定义

顾名思义,中央银行数字货币(CBDC)是中央银行发行的一种数字货币或法定货币的数字形式。它没有实体状态,但有货币储备支持,并且和法定货币一样是央行的一项负债。区块链技术的发展促进了 CBDC 在全球各国政府的发展。尽管如此,但区块链等分布式账本技术并非 CBDC 的必需品,这取决于辖区的目标和架构设计(尽管许多 CBDC 使用区块链技术)。

与大多数使用区块链技术并去中心化(无任何授权的第三方)的加密货币不同,CBDC 是中心化的,由中央银行或政府授权的中央集权机构(如商业银行)管理。

7.8.2　CBDC 和数字货币的类型

根据发行分布模型的设计,CBDC 分为批发型 CBDC 和零售型 CBDC 两大类。批发型

CBDC 指中央银行不会直接与公众互动或发行数字货币。对于批发 CBDC，中央银行委派商业银行或金融机构等代理人，以便个人从中获取 CBDC，类似于当前系统。零售型 CBDC 指中央银行或货币当局直接向公众发行的类型。

基于信托分类，CBDC 可以由中央银行发行或授权，信托权在中央银行。所有其他数字货币都可以被视为"非中央银行"类别。总之，三种类型数字货币如下：

- 中央银行发行的数字货币：即法定货币，为中央银行的直接负债。信托分类有且仅有中央银行，属于这一类的 CBDC 是批发型 CBDC。
- 中央银行授权的数字货币：由中央银行授权但不直接发行，也是法定货币的一种形式，信托权属于中央银行及其委托机构，若涉及外币，则信托权还属于其他司法管辖区的中央银行。
- Non-Central Bank（NCB）：所有不属于 CBI 和 CBA 的其他数字货币。NCB 并非法定货币也并非 CBDC 的一种类型。信托分类包括中央银行（如涉及不兑现货币/法定货币）、公司或实体企业以及算法或协议（对于去中心化公共网络）。公共区块链上的平台通行证、稳定币和加密货币都属于 NCB。

7.8.3 CBDCs 的利与弊

一个国家或司法管辖区应考虑启动 CBDC 的原因有很多。首先，它为货币支付系统的痛点提供了一个潜在解决方案，尤其是在满足无现金支付需求方面，如允许通过电子钱包进行离线交易或转账，类似实体货币但更方便且低成本。此外，交易不需要接触，这在类似受 COVID-19 影响时尤为重要，它创造了更多的支付机会，并使智能合约通证化成为可能。

就整体经济和社会福利而言，CBDC 有助于金融普惠，因为农村或目前没有银行地区的人们从数字经济中受益的可能性更大。此外，有了 CBDC，一个国家或地区内的经济活动将得到更准确地反映和跟踪。

然而，在启动 CBDC 之前，司法管辖区需要谨慎规划，并选择符合其目标和资源的模式。CBDCs 具有一定的风险，会给金融体系和经济带来许多挑战，尤其是在设计不当时。国家或地区需要决定发行哪类的 CBDC 以及所采用的技术，如何避免技术或系统故障，确保数据隐私性和系统安全性，是亟待回答的重要问题，也是相当大的挑战。

尽管存在安全和隐私问题，但我们仍认为身份识别问题，在允许一定的匿名级别的同时，是可以管理的。另外，洗钱等非法活动更有可能伴随 CBDC 发生，假钞成本可能低于使用实物钞票时的成本。随着 CBDCs 的推出，银行挤兑风险增加、货币政策无效等更广泛的问题依然存在。

参考文献/拓展阅读

[1] John Kiff et al(2020), A Survey of Research on Retail Central Bank Digital Currency, International Monetary Fund, IMF Working Papers, https://www.imf.org/en/Publications/WP/Issues/2020/06/26/A-Survey-of-Research-on-Retail-Central-Bank-Digital-Currency-49517.

[2] David K C Lee, and Ernie G S Teo(2020), The New Money: The Utility of Cryptocurrencies and the Need for a New Monetary Policy, Working paper, https://papers.ssrn.com/sol3/papers.cfm?abstract_id=3608752.

[3] David K C Lee, Li Yan, and Yu Wang(2020), A Global Perspective on Central Bank Digital Currency, Working paper.

[4] Orla Ward, and Sabrina Rochemont(2019), Understanding Central Bank Digital Currencies(CBDC), Institute and Faculty of Actuaries, https://www.actuaries.org.uk/system/files/field/document/Understanding%20CBDCs%20Final%20-%20disc.pdf.

练习题

习题 1

下列陈述正确的是(　　)

A. 家庭持有更多现金(不存银行)不会影响货币乘数

B. 中央银行对商业银行实行贷款总量限制或限额会影响货币乘数

C. 在常规公开市场操作中,中央银行通常买卖公司债券,以向银行系统注入或收回流动性。

习题 2

下列关于量化宽松(QE)的说法正确的是(　　)。

①量化宽松通常以货币乘数为目标

②当政策利率或短期利率处于非常高的水平时,量化宽松通常会被启动

③量化宽松包括中央银行从非银行机构大量购置高风险金融资产

A. ③　　　　　　　　B. ②③　　　　　　　　C. ①②③

习题 3

为什么中央银行越来越被期待成为"超级英雄",能够在危机时期帮助提振经济呢?下列理由正确的是(　　)。

①中央银行无须通过议会或国会,便可迅速采取救援行动

②中央银行可以在选民或有关利益集团的支持下进行结构性经济改革

③金本位制废除后,中央银行(而非政府)可以发行前所未有的大量新货币,为经济注入资金

A. ①②③　　　　　　B. ①②　　　　　　　　C. ①③

参考答案

习题 1

答案:选项 B 正确。

家庭将现金留在家中可看作从银行系统的"漏损",因此银行可用资金更少,影响货币乘数;对银行实行信贷限额将限制银行发放贷款的能力,从而影响货币乘数;在公开市场操作中,银行通常买卖无风险的政府证券,因其主要目的是调节银行体系的流动性。

习题 2

答案:选项 A 正确。

量化宽松针对的是基础货币而非货币乘数,且通常在常规货币政策工具已不够有效时

使用,如政策利率已降至零附近,但仍无法刺激经济。

习题 3

答案:选项 C 正确。

结构经济改革是政府的经济政策,与中央银行无关。

第8章 金融监管和监督

8.1 金融监管和监督的定义

金融机构需要了解金融监管和监督,并且需要明白监管机构对其期望是什么,以便能够更好地以稳健和安全的方式制定和执行商业企划,在确保合规的同时做好自己的业务。

金融监管和监督的定义如下:
- 监管:指对金融机构的行为建立具体的法律强制规定。
- 监督:监管机构对金融机构的风险概况、财务实力、治理、风险管理和控制程序、合规和业务行为进行监测和评估。必要时,监管机构对金融机构采取法律和监督行动,要求其纠正违规行为或弱点。

8.2 金融与经济发展的良性循环

需要积极发展、规范和监督金融部门,并通过民众储蓄、金融市场引导的投资、经济产生的财富,实现金融市场与实体经济之间资金的良性循环。

学习目标

了解资金良性循环的理想结果。
了解什么可能会阻碍资金的良性循环。

主要内容

要　点

- 理想的结果是,金融市场可以收集所有居民的储蓄。金融系统运作良好,将最优的金融资源分配给经济中最具生产力和最有利可图的行业,以产出最大的国民经济产量。在经济产出最大化的情况下,在收入、租金、利润等方面创造了更多的财富。增加的产出增加了人口的储蓄,而这些储蓄可以再次循环到实体经济中。然而,这种理想的结果并不是自动产生的。它需要金融市场的精心策划和培育,同时也需要监管和监督。

图 8.1 显示了资金良性循环的理想结果。

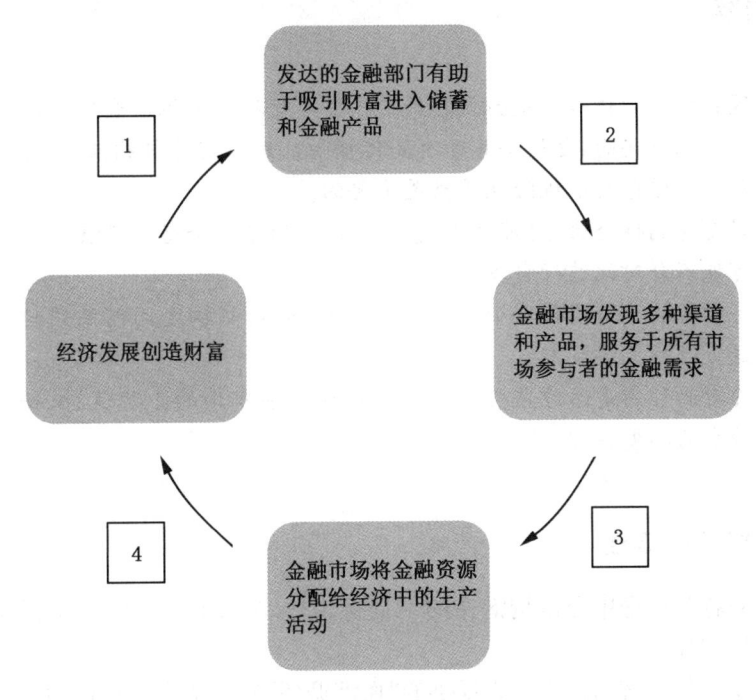

```
         发达的金融部门有助
    1    于吸引财富进入储蓄      2
         和金融产品

经济发展创造财富              金融市场发现多种渠道
                            和产品,服务于所有市
                            场参与者的金融需求

    4    金融市场将金融资源      3
         分配给经济中的生产
         活动
```

图 8.1　金融市场和实体经济间的资金良性循环

然而,这种资金循环可能会偏离轨道,阻碍理想结果的实现。例如,缺乏必要的基础设施来鼓励和收集储蓄,受金融压制导致利率被政府控制,或者受内幕交易、价格操纵、缺乏流动性等影响,投资者对投资证券市场没有信心。银行没有很好地为中小企业服务,缺乏私募股权、风险投资公司、小额信贷公司等其他手段或渠道来满足中小企业的融资需求。金融衍生品发展不完善,无法帮助企业管理影响其投资计划的金融风险。银行过度放贷给一些行业(比如中国某些城市的房地产行业),导致产能过剩,又或者银行不向基础设施项目、生产性行业或创意行业放贷。借款人也缺乏可接受的抵押品。因此,需要积极培育、发展、规范和监督金融部门,帮助实现资金的良性循环。

8.3　金融市场的监管和监督

一些潜在的问题需要金融市场内部的监管干预,如信息不对称、金融中介的不良行为以及为确保金融市场和金融中介的良好运行关注金融市场的稳定性。

学习目标

理解金融部门的重要性和弱点。
讨论从历史金融危机中吸取的教训,强调监管金融市场的必要性。
理解监管机构的作用。

主要内容

要 点

- 金融是现代经济的核心,但金融服务业内在具有不稳定性。金融机构的活动是紧密联系并交织在一起的,这使得其具有高传播性。对于监管机构来说,保障有利于客户的健康竞争和避免集中风险也是至关重要的。
- 金融公司是营利性企业,可能容易受到不诚实和贪污等潜在不良行为的影响。而金融市场可能不会对此进行自我修正。
- 正如过去财务的无力偿付和金融危机的教训,金融机构之间的高蔓延性导致了巨大且具有毁灭性的经济成本。
- 金融监管者的作用是通过监管和监督来确保金融市场的平稳运行,并防止和减轻金融危机带来的损失。

8.3.1 监管的必要性

除信息不对称和金融中介机构潜在的不良行为外,金融服务作为一个行业需要受到严密监管的主要原因如下:

一是金融是现代经济的核心。它提供的"血液循环"确保了生产行业的正常运行。它几乎对经济和社会的每个部分都有影响。

二是金融服务业本质上是不稳定的。

(1)银行此类金融中介机构的性质决定了其在存款中有大量的短期负债,由于存贷款期限错配,从而造成了高杠杆率和流动性风险。

(2)银行等金融中介机构承担了来自客户的各种金融风险,例如利率、汇率、商品价格等风险。

(3)全球化的贸易环境和技术进步意味着金融资产"24小时"不停交易,它们的价格可能受到全球发展的影响,因此比其他投资更具有波动性。

(4)由于银行间的筹资和交易活动,金融公司相互之间承担着风险,因此,一家公司的破产会影响其他公司的生存能力。

(5)金融创新手段,如风险转移工具和资产证券化技术,使金融公司和金融部门如银行、保险和证券更紧密地联系在一起。但紧密联系会扩大蔓延风险,尤其是在一个自由化和开放的市场环境中。

由于进入门槛高、投资需求大、规模经济倾向等原因,金融服务业也容易出现垄断现象,因此需要对其进行监管,确保一个公平的竞争环境,促进良性竞争。良性竞争对客户有益,能够降低集中风险,维护金融稳定。

8.3.2 金融危机

金融危机发生时,金融市场面临严重压力或崩溃,导致关键功能失灵。这些功能包括结算支付系统、资源配置、金融产品和服务的市场定价等,给实体经济带来了负面影响。

过去的金融危机造成了巨大且具有毁灭性的经济代价。图8.2显示了金融危机的历史,图 8.3 显示了从 1970 年到 2012 年代价最大的银行危机,图 8.4 显示了过去由银行危机引起的失业周期。

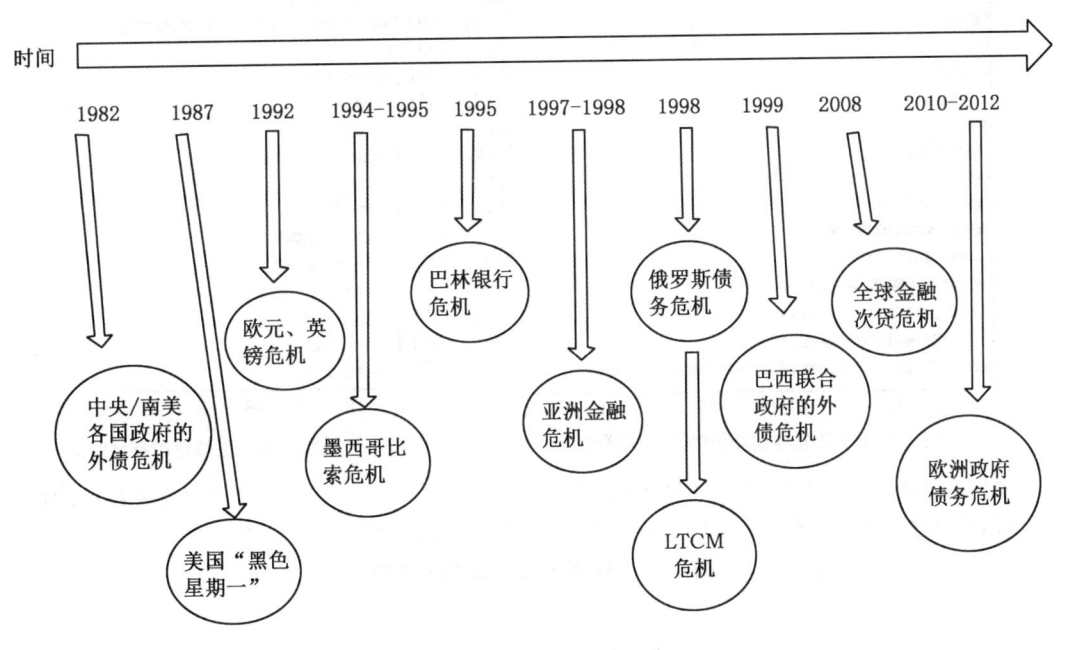

时间

1982　1987　1992　1994-1995　1995　1997-1998　1998　1999　2008　2010-2012

- 巴林银行危机
- 俄罗斯债务危机
- 全球金融次贷危机
- 中央/南美各国政府的外债危机
- 欧元、英镑危机
- 墨西哥比索危机
- 亚洲金融危机
- 巴西联合政府的外债危机
- 欧洲政府债务危机
- 美国"黑色星期一"
- LTCM 危机

图 8.2　金融危机的历史

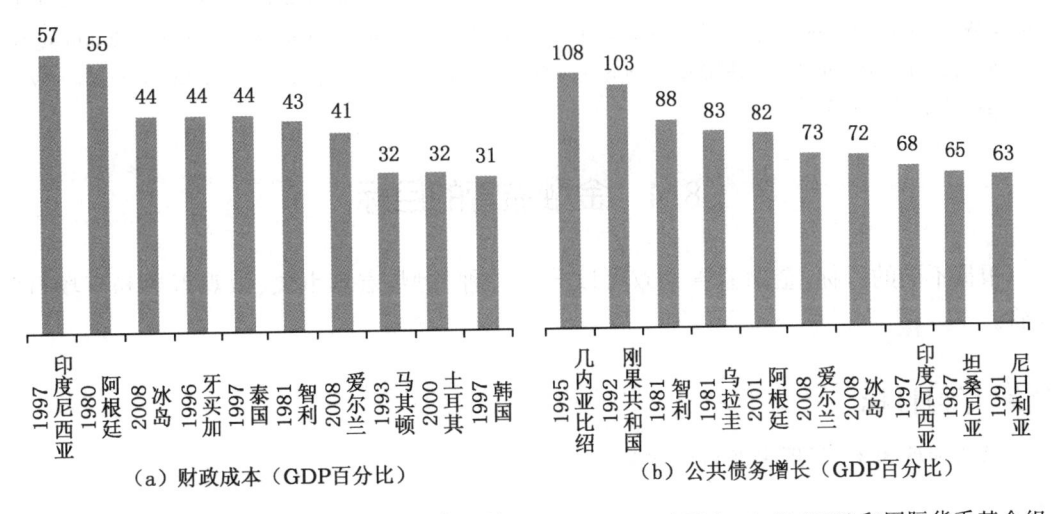

(a) 财政成本（GDP百分比）

印度尼西亚 1997	57
阿根廷 1980	55
2008	44
冰岛 1996	44
牙买加 1997	44
泰国 1981	43
智利 2008	41
爱尔兰 1993	32
马其顿 2000	32
土耳其 1997	31
韩国	

(b) 公共债务增长（GDP百分比）

几内亚比绍 1995	108
刚果共和国 1992	103
智利 1981	88
乌拉圭 2001	83
阿根廷 2008	82
爱尔兰 2008	73
冰岛 1997	72
印度尼西亚 1987	68
坦桑尼亚 1991	65
尼日利亚	63

资料来源:根据《系统性银行危机数据库:更新》(Laeven L and Valencia F,2012)和国际货币基金组织(IMF)数据整理。

图 8.3　1970—2012 年代价最大的银行危机

2008 年的全球金融危机使人们更加相信,政府积极调控金融领域有助于保持经济稳定、推动增长和创造就业。尽管危机已平息,但政府在提供监管、确保健康竞争和加强金融基础设施等方面依然发挥着至关重要的作用。金融危机带来的教训之一是,必须采取稳健、及时和具有前瞻性的监管行动,辅以市场规定,以应对扭曲的竞争、改善信息流动和加强契约环境。

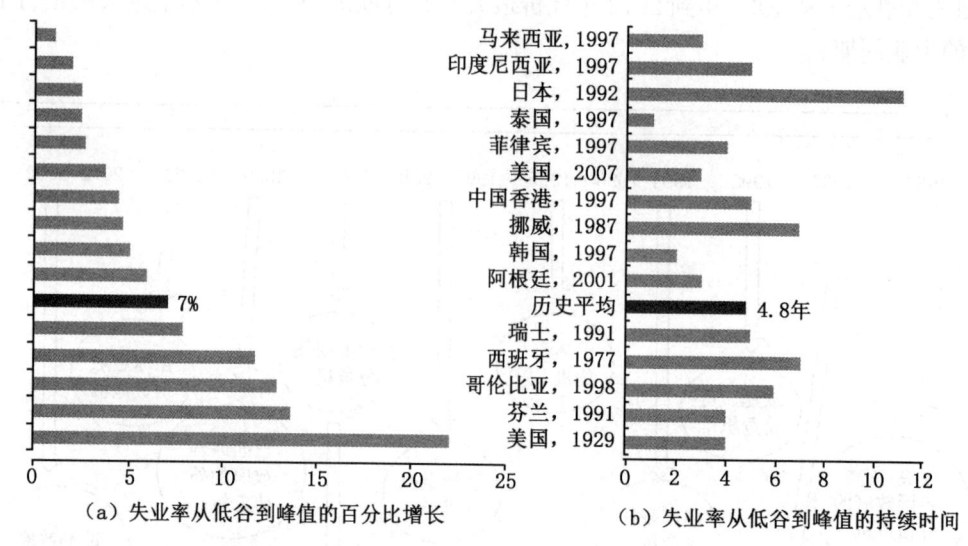

（a）失业率从低谷到峰值的百分比增长

（b）失业率从低谷到峰值的持续时间

资料来源：根据《金融危机的经济和财政后果》（Reinhart C M，2009）、世界银行、外联发展数据整理。

注：图为过去的失业周期和银行危机时失业率从低谷到峰值的百分比增长和持续时间。

图 8.4　银行危机引起的失业周期

参考文献/拓展阅读

Global Financial Development Report 2013，(2021‐09‐05) Rethinking the Role of the State in Finance，World Bank Series：https://books.google.com.sg/books/about/Global_Financial_Development_Report_2013.html?id=zmTv7BofRbMC&printsec=frontcover&source=kp_read_button&redir_esc=y#v=onepage&q&f=false.

8.4　金融监管的目标

根据不同的目标，金融监管大致可以分为三种类型：宏观审慎、微观审慎和市场行为监管。

学习目标

以新加坡为例，了解金融监管的目标。

主要内容

要　点

- 三种类型的金融监管：宏观审慎、微观审慎和市场行为监管，分别作用于金融稳定、金融企业的高审慎标准、金融市场和金融企业的稳健经营。
- 在新加坡，这些目标是相互关联、互有裨益的。

三种类型的金融监管各自有各自的目标，即：

(1)宏观审慎监管目的是实现金融稳定。这种监管确保了整个金融体系的平稳运行,有助于经济增长。

(2)微观审慎监管的目的是实现高审慎标准。这种监管是为了确保个体金融公司的安全和稳健,以保护储户、保单持有人和投资者等客户的利益。

(3)市场行为监督的目的是实现良好的商业行为。这种监管确保了市场完整性、市场中介机构和公司的道德行为、公平交易以及保护消费者。例如,确保市场透明可以有效地发现价格,没有价格操纵,没有抢先。进一步的监管确保了中介机构更专业地开展业务,彻底地披露产品信息,"把合适的产品卖给合适的客户"等。

在新加坡,金融监管的目标为:
(1)稳定的金融体系;
(2)金融中介机构安全稳健;
(3)安全高效的金融基础设施;
(4)公平、高效、透明的有组织市场;
(5)透明和公平的中介和出价方;
(6)消息灵通和有权利的消费者。

(1)(3)主要有助于金融稳定。(2)是金融公司保持高审慎标准的结果。(4)(5)(6)有助于金融市场和市场中介机构稳健地开展业务。这些目标是相互联系并相互强化的。最后,健全的金融中介机构有助于实现金融稳定这一最终目标。

参考文献/拓展阅读

The Monetary Authority of Singapore(September 2015),Objectives and Principles of Financial Sector Oversight in Singapore,https://www.mas.gov.sg/-/media/MAS/News-and-Publications/Monographs-and-Information-Papers/Monograph-Objectives-and-Principles-of-Financial-Sector-Oversight-in-Singapore.pdf.

8.5 金融监管与金融发展

金融市场需要得到监督和监管。但是,我们需要在市场自律和监管机构监管之间保持平衡。

学习目标

陈述监管的优缺点。
从金融历史中学习如何平衡金融发展和金融监管。

主要内容

要　点

- 早些时候我们了解到,金融市场需要监管和监督。但是,正如世间万物都具有两面性,监管亦有利有弊。因此,平衡金融监管和发展至关重要。
- 《巴塞尔协议Ⅱ》为分担银行监管责任设定了三大支柱,即健全的监管、银行良好的公司治理和适当的市场纪律。
- 金融的发展史告诉我们，金融发展与金融监管之间的平衡就像一个"监管钟摆"，在这两者之间寻求动态平衡是一个持续的过程。

监管主要优点：
(1)营造公平竞争环境，促进良性竞争；
(2)保持最低限度的审慎标准；
(3)促进市场秩序；
(4)向市场灌输信心。

监管主要缺点：
(1)往往会扼杀创新和创造力；
(2)繁文缛节会增加合规成本；
(3)往往是"一刀切"，不考虑个别情况，因此灵活性较差；
(4)监管造成了道德风险和寻租行为。

《巴塞尔协议Ⅱ》提倡三大支柱分担银行监管责任。之所以需要共同监督，是因为监管机构不能，也不应该对银行进行微观管理。相反，它们可以利用其他利益相关者来实现监督目标。虽然健全的监管是必要的，但适当的市场纪律和激励亦是银行良好的公司治理（自我监管），如果与正确的措施结合使用，则会比仅仅依赖监管产生更好的结果。

从20世纪30年代到现在，金融监管已经发展了很多年。

20世纪30年代以前（"自由银行业"）：与当时盛行的自由经济体制相一致，大多数国家的金融市场都没有受到监管。中央银行主要着力于管理货币供应。

1930年至1970年（"金融抑制"）：1929年的大萧条（Great Depression），以及美国数千家银行和市场的倒闭，让凯恩斯经济学得以流行起来，并形成了主流经济理论。在"市场失效理论"的指导下，美国推动了对金融市场的严格控制和干预，银行受制于一刀切的规范性规则（包括许多国家的利率管制），比如美国1933年的《格拉斯-斯蒂格尔法案》（Glass-Steagall Act）。

1970年至1990年（"放松金融管制"）：上一个时代的金融压制导致了低效率、次优的资本配置，并抑制了金融机构的创造力，因为政府干预抑制了市场的创新和发展。在此期间，放松管制的情况更多了，金融机构受到的规定也更少了。例如，1999年通过的《金融服务现代化法案》（Gramm-Leach-Bliley Act）废除了美国的《格拉斯-斯蒂格尔法案》，允许市场创新。因此，金融衍生品蓬勃发展。

1990年至2000年（"金融改革"）：在储贷危机期间，美国有很多银行倒闭，北欧国家、墨西哥、巴西和亚洲也发生了金融危机，这都是过度放松管制的结果。各国当局认为有必要关注系统性和蔓延性风险，重点转向平衡安全稳定与效率之间的需要，许多国家都引入了宏观审慎监管。

2001年至2009年（"自满与傲慢"）：过去十年的改善被认为促成了良性的状况，导致很多国家变得自满和傲慢。很少有国家，尤其是西方国家，能为2008年的金融危机做好准备。

2010年至今（"金融改革"）：2008年金融危机暴露了美国当局对市场纪律和金融市场自我修正能力的过度自信，导致了无限制的信贷扩张和金融机构的杠杆率。"沃尔克规则"

(Volker Rule)实际上恢复了《格拉斯-斯蒂格尔法案》在美国的地位。"沃尔克规则"禁止商业银行自营交易和投资对冲基金和私募股权,加强了对证券公司的审慎监管。《巴塞尔协议III》也被引入,要求银行拥有更优质的资本质量、更高的流动性,包括表外风险敞口和杠杆控制。然而,时任总统特朗普推翻了许多改革。

上述金融历史证明,平衡金融监管与金融发展并非易事。这更像是一个在两者之间寻求动态平衡的持续过程,就像一个"监管钟摆"。关键是要仔细调整政策,取得正确的平衡,在可能的情况下及时调整政策,避免剧烈的政策变化,以保持监管目标和原则的一致性,并减少行业的"政策风险"。

8.6 银行持有资本和《巴塞尔协议》

8.6.1 银行为什么持有资本

出于各种原因,持有充足的资本对银行至关重要,包括缓冲意外损失、保护债权人和储户,以及抑制银行过度冒险。

学习目标

学习银行为什么持有资本的原因。
理解持有高数额和低数额资本之间的权衡,即平衡盈利能力和偿付能力的需求。

主要内容

要 点
- 银行持有资本有多种原因,包括缓冲意外损失,在意外损失发生时保护债权人和储户,以及抑制银行的过度冒险。
- 银行的资本基础是所有利益相关者所关注的,包括银行家、股东、储户、债权人和监管机构。
- 精细的资本管理至关重要,因为持有较少的资本以显示盈利能力和持有更多的资本以实现偿付能力或效率与安全之间存在紧张关系。

重点名词
- 信用风险(Credit Risk):因债务人(如借款人、发行人或交易对手)未能按照其与银行签订的合同或协议的条款和条件履行而产生的损失风险,以及因债务人信贷质量恶化而导致的机构资产价值损失风险。
- 市场风险(Market Risk):市场利率或价格(如利率、汇率、股票价格、商品价格、信用利差等)的水平和波动对资产价值的不利影响。
- 运营风险(Operational Risk):由复杂的运营、不健全的内部业务流程和信息系统、组织变革、欺诈或人为错误以及不可预见的外部事件(包括恐怖袭击和自然灾害)引起的损失风险。根据巴塞尔银行监管委员会(BCBS)的定义,它包括法律风险,但不包括声誉风险、战略风险和商业风险。

银行持有资本有多种原因,理由如下:

(1)作为"意外"损失的缓冲;

(2)在银行倒闭的情况下保护债权人和储户;

(3)会抑制银行所有者和管理者的过度冒险行为,因为股本是一种昂贵的资本来源;

(4)在经济繁荣时期,资本充足的银行可以利用增长机会,比如向消费者和企业提供信贷,为投资机会提供资金。

巴塞尔银行监管委员会的方法是假设银行资产负债表上的准备金和拨备应该足以弥补和补偿正常经营条件造成的"预期"损失。资本应主要用于弥补损失分配中"意料之外"的部分。

有必要认识到银行各利益相关者(如管理层、股东、监管机构、储户和债权人)之间关于理想资本水平的意见分歧。例如,如果金融资产受损,则银行的资本(即股东)首先受到冲击,而债权人和储户将在银行的资本耗尽后受到影响。因此,可以理解的是,债权人和储户希望银行拥有尽可能多的资本。

银行的资本,主要是《巴塞尔协议》要求的普通股形式,其成本高于负债。当资本过多时,银行面临更高的资金成本,竞争力受到影响,银行管理层可能会发现难以产生良好的经营业绩。当资本不足时,银行破产的风险更大,这会影响公众对银行财务实力的信心,从而威胁到银行的利益和储户。出于对银行金融稳定的需要,监管机构出手介入,规定银行的最低资本水平。

综上所述,资本管理至关重要,因为盈利能力和偿付能力或银行的效率和安全性之间存在紧张关系。

8.6.2 《巴塞尔协议》的关键里程碑

《巴塞尔协议》规定了最低监管资本要求,作为银行吸收潜在的意外损失的全球标准,以便银行能够继续作为持续经营企业为经济做出贡献,使储户的利益得到保护。

学习目标

了解《巴塞尔协议》发展中关键的里程碑。

主要内容

要　点

- 《巴塞尔协议 I》《巴塞尔协议 I 修正版》和《巴塞尔协议 II》共同规定了银行对其信贷、市场和操作风险的最低监管资本要求。
- 全球金融危机暴露了银行的显著弱点,《巴塞尔协议 III》旨在进一步加强银行的资本和流动性状况,并限制银行的杠杆率,它对全球系统性重要性银行(G-SIBs)也有更严格的资本要求和其他要求。
- 《巴塞尔协议 III》还引入了以下要求:(1)资本保护缓冲(Capital Conservation Buffer),以确保银行有额外一层可用资本,可以在发生损失时提取,以及(2)反周期资本缓冲(Countercyclical Capital Buffer),以应对系统性风险。

重点名词

- 《巴塞尔协议》:迄今为止,巴塞尔银行监管委员会(BCBS)制定了一系列的全球银行法规(巴塞尔协议Ⅰ、Ⅱ、Ⅲ)。该委员会就银行监管提供建议,特别是银行的监管资本要求,以确保银行有足够的资本来吸收意外损失。

关于《巴塞尔协议》的里程碑如图8.5所示。

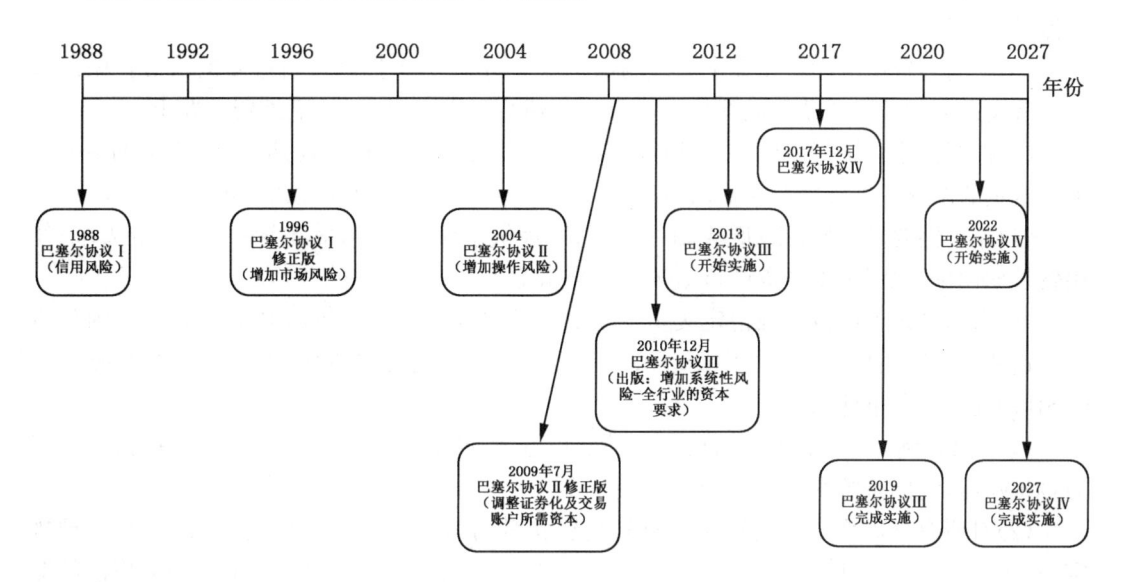

图 8.5 《巴塞尔协议》里程碑

如前所述,监管机构需要介入为银行规定最低资本水平,并鼓励银行保持与银行风险概况和风险管理能力相称的充足资本水平。BCBS 为此发布了巴塞尔协议Ⅰ、Ⅱ 和Ⅲ,这些都是指导方针,巴塞尔协议成员国需要遵照执行。

如果一家银行承担了更多的风险,那么监管机构必须要求该银行持有更多的资本(即监管资本),以吸收潜在更多的意外损失。迄今为止,《巴塞尔协议》已在《巴塞尔协议Ⅰ》和《巴塞尔协议Ⅱ》中对银行的信贷风险、市场风险和操作风险规定了最低监管资本要求。《巴塞尔协议Ⅲ》也对系统性风险提出了资本金监管要求。

8.6.3 《巴塞尔协议Ⅰ》和《巴塞尔协议Ⅱ》概述

1988 年公布的《巴塞尔协议Ⅰ》规定,银行资产负债表内外的资本与风险加权资产(非会计资产)的最低资本充足率(CAR)为 8%,该协议只涵盖信贷风险。

1996 年公布的《巴塞尔协议Ⅰ修正版》,对银行在外汇、交易债务证券、股票、大宗商品和期权方面的风险敞口设定了资本要求。

2004 年发布的《巴塞尔协议Ⅱ》提高了信用风险敏感性,对操作风险设定了资本要求,并引入了"三大支柱"的概念,强调银行的监管是监管者、银行自身和市场纪律的共同责任。

8.6.4 《巴塞尔协议Ⅲ》和《巴塞尔协议Ⅳ》概述

全球金融危机暴露了银行的一些重大弱点。简单来说,银行(1)在经济低迷期间持有的质量过关的资本量太少;(2)杠杆率过高;(3)流动性缓冲不足,无法承受压力情景。

2010年公布的《巴塞尔协议Ⅲ》旨在进一步加强银行的资本和流动性,并限制它们的杠杆率,对全球系统重要性银行(G-SIBs)也有更严格的资本和其他要求。

关于《巴塞尔协议Ⅲ》的主要建议如下:

(1)资本保护缓冲。它是一个额外的2.5%的普通股本层,提供了一个资本缓冲,可以在压力期间使用而不违反最低CAR。如果缓冲区被打破,则银行将被限制支付收益来帮助它保护和重建缓冲区。

(2)反周期资本缓冲。在整个系统的信贷繁荣期间,为了控制银行过度的信贷扩张以减少经济衰退期间信贷崩溃造成的损失,它对普通股有0%~2.5%的额外资本要求。

(3)杠杆比率。银行需要确保其核心资本与调整后杠杆资产之比达到3%以上的最低要求。这里的调整后杠杆资产包括所有权益类资产、债务类资产和衍生工具的杠杆价值。

(4)流动性要求。使用最低流动性比率,以提供足够的现金,满足30天的融资需求;使用较长期比率,以解决整个资产负债表的期限错配。

《巴塞尔协议Ⅲ》和金融稳定委员会(FSB)是监督全球金融体系并提出建议的国际机构。这两大国际机构还对那些倒闭会威胁到整个全球银行体系的银行(这些银行也被称为G-SIBs)提出了以下建议:

(1)从1%到3.5%的风险加权资产(除《巴塞尔协议Ⅲ》的要求外)的额外损失吸收能力,对应其违约的系统性影响,由普通股来满足。

(2)对所有全球系统重要性银行进行更密集和有效的监督,包括更健全的监督管理规定、资源和权力监督,以及对风险管理功能、数据聚合功能、风险治理和内部控制的更高的监督期望。

(3)对全球系统重要性银行的恢复和解决规划的要求,以及制定针对机构的跨境合作协议。G-SIBs的母国和东道国当局为应对危机做了更好的准备,并清楚地知道如何在某种情况下进行合作。

2017年12月,巴塞尔银行监督委员会宣布修订《巴塞尔协议Ⅲ》框架(业内通常称之为"巴塞尔协议Ⅳ"),旨在提高银行内部模型的一致性。我们注意到,根据《巴塞尔协议Ⅱ》,银行可以使用其内部模型来计算监管资本:

一是恢复计算的可信度,并减少不同地区银行所观察到的风险加权资产的可变性;

二是通过协调不同地区和国家对不同方法的应用,以提高银行资本比率的可比性。

参考文献/拓展阅读

[1] Basel Ⅲ: international regulatory framework for banks, Retrieved from https://www.bis.org/bcbs/basel3.htm#:~:text=Basel%20III%20is%20an%20internationally,and%20risk%20management%20of%20banks.

[2] FSB(4 November 2011), Policy Measures to Address Systemically Important Financial Institutions, https://www.fsb.org/wp-content/uploads/Policy-Measures-to-Address-Systemically-Important-Financial-Institutions.pdf.

[3] BCBS(December 2017), High-level summary of Basel Ⅲ reforms, https://www.bis.org/bcbs/publ/d424_hlsummary.htm.

练习题

习题 1

当银行的资产受损时,(　　)的利益首先受到影响。

A. 银行股东　　　　　　B. 银行债权人　　　　　　C. 银行储户

习题 2

下列叙述正确的是(　　)。

A. 银行应该拥有越来越多的资本

B. 《巴塞尔协议》为银行的最佳资本水平设定了规则

C. 银行的资本水平应与其风险状况和风险管理能力相称

习题 3

下列叙述正确的是(　　)。

A. 《巴塞尔协议》规定的资本监管旨在弥补银行的所有损失

B. 《巴塞尔协议》不仅仅涉及资本需求

C. 《巴塞尔协议 I》将银行资产负债表内外的资本与会计资产的最低资本充足率(CAR)都设为 8%,以应对信贷风险

参考答案

习题 1

答案:选项 A 正确。

当一家银行的资产受损时,拥有该银行权益资本的银行股东首当其冲。只有在权益资本耗尽后,银行债权人和储户的利益才会受到影响。

习题 2

答案:选项 C 正确。

按照《巴塞尔协议》的要求,银行主要以普通股的形式存在,其成本高于负债。

对于理想的银行资本水平,不同的银行利益相关者(如管理层、股东、监管机构、储户和债权人)之间存在分歧。例如,当资本过多时,银行面临更高的资金成本,其竞争力会受到影响,银行管理层可能会发现难以产生良好的经营业绩。当资本不足时,银行破产的风险更大,这会影响公众对银行财务实力的信心,从而威胁到银行和储户的利益。

因此,监管机构为银行制定了最低(不是最优)资本水平的规则,并期望银行确保资本水平与银行的风险状况和风险管理能力相称。

习题 3

答案:选项 B 正确。

《巴塞尔协议》设定的监管资本仅用于弥补银行的意外损失。《巴塞尔协议 III》还关注银行的流动性和杠杆头寸。《巴塞尔协议 I》基于风险加权资产而非会计资产来衡量 CAR。